*   lovely baby knit

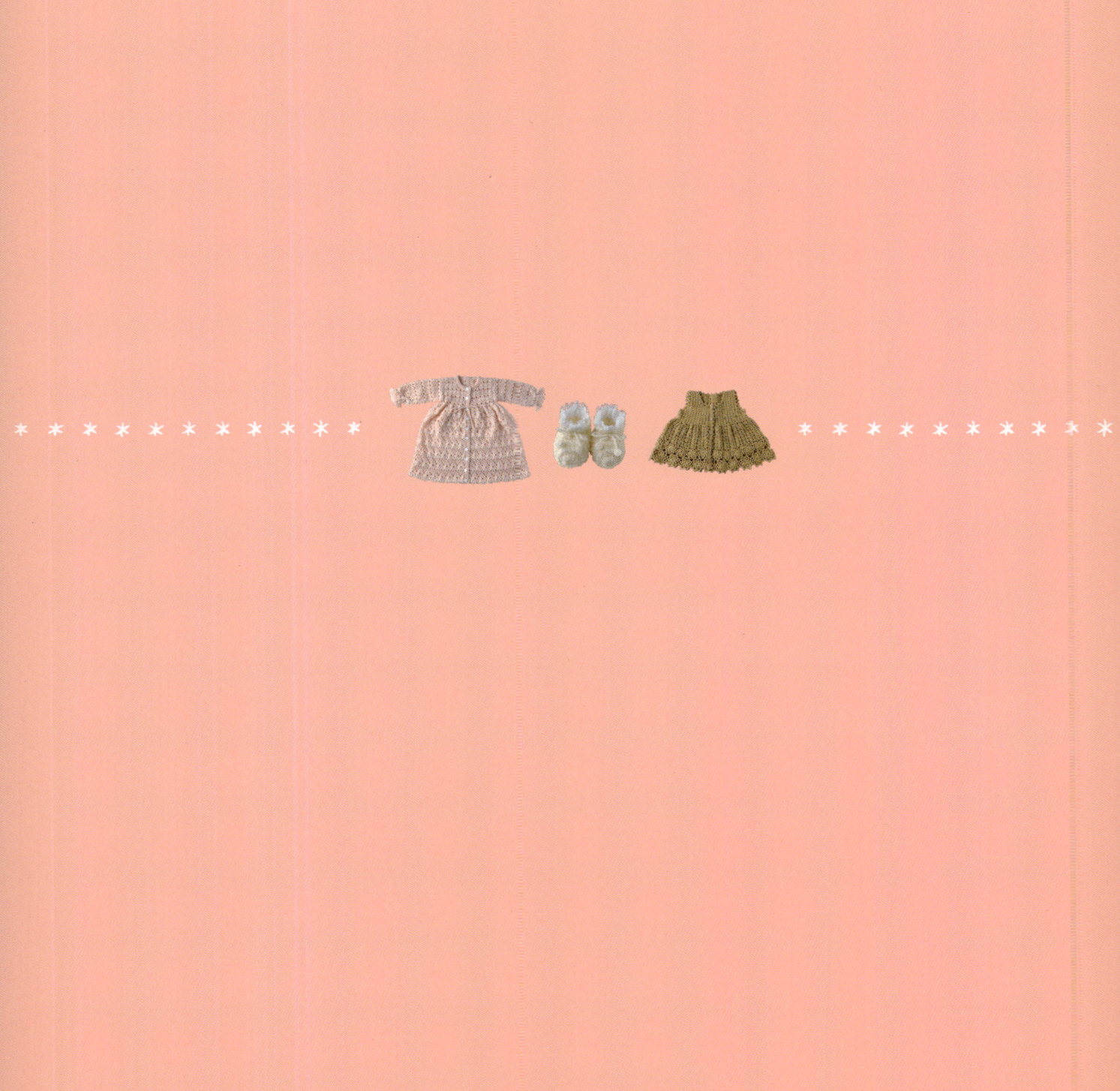

사랑스러운 아기 옷 손뜨개

1SHUKANDE KANTAN! YASASHII SOZAI NO BABY KNIT
— HAZIMETE NO KAGIHARI
by Apple mints
ⓒ Apple mints 2012, Printed in Japan
Korean translation copyright ⓒ 2014 by JEUMEDIA
First published in Japan by Apple mints
Korean translation rights arranged with E&G CREATES
through Imprima Korea Agency.

이 책의 한국어판 저작권은 Imprima Korea Agency를 통해 E&G CREATES와의 독점계약으로 제우미디어에 있습니다.
저작권법에 의해 한국 내에서 보호를 받는 저작물이므로 무단전재와 두단복제를 금합니다.

**** 소중한 우리 아기를 위한 태교 손뜨개 ****

사랑스러운 아기 옷 손뜨개

가와이 마유미 지음 | 남궁가윤 옮김 | 박윤정(댕이) 감수

제우미디어

Contents

✕ 작은 천사들에게 ✕

1/2 0~12개월
보닛 • Page 26

3/4 0~12개월
아기 신발 • Page 26

5/6 0~12개월
손싸개 • Page 27

7/11 0~12개월
젖병 싸개 • Page 27, 38

8/9 0~12개월
기념일 드레스 / 베이비 드레스 • Page 32

10/12 0~12개월
아기 조끼 • Page 38

13/14 0~12개월 / 12~24개월
튜닉 조끼 • Page 42

✕ Basic Lesson
뜨개도안 보는 법 … 8
첫 코 만드는 법 … 9
뜨개코 기호 … 10
자수 기초 … 17

✕ Point Lesson … 18
✕ 이 책에서 사용한 실 & 대체 가능한 실 … 77

✗ 외출은 즐거워 ✗

15/16
12〜24개월 / 0〜12개월
케이프 • Page 48

17
블랭킷 • Page 54

18
12〜24개월
목도리 • Page 55

19/20
12〜24개월
모자 • Page 58

21/22

23/24
12〜24개월
점퍼스커트 • Page 62

25/26
12〜24개월
조끼 / 점퍼스커트 • Page 66

27/28
12〜24개월
재킷 • Page 72

| 일러두기 |
* 포인트 레슨에서는 알아보기 쉽도록 실의 굵기와 색 등을 바꾸어서 과정을 설명했습니다.
* 인쇄물이므로 실 색깔은 표시된 색 번호와 조금 다르게 보일 수도 있습니다.
* 국내에서 구하기 수월한 대체 가능한 실은 77p를 참조하세요. 실에 따라 결과물에 약간의 차이가 있을 수도 있습니다.

bonnet

hat

muffler

cape

blanket

Ready

세상에 단 하나뿐인 내 아이를 위한 손뜨개를 시작하기 전에
먼저 기초부터 탄탄하게 다지고 넘어갈게요.
자, 천천히 따라오세요!

Basic Lesson

× 뜨개도안 보는 법 × 뜨개도안은 모두 겉에서 본 상태를 기호로 표시한다. 코바늘뜨기에서는 겉뜨기와 안뜨기를 구별하지 않으므로(걸어뜨기코 제외), 뜨개조직 겉감면과 안감면을 번갈아서 보며 뜨는 왕복뜨기일 때도 기호 표시는 똑같다.

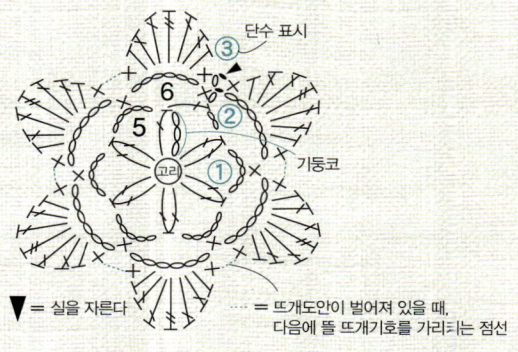

＊중심에서부터 원형으로 뜰 때
중심에서 시작 고리(또는 사슬코)를 만들고 1단씩 원을 그리며 뜬다. 단마다 처음에 기둥코를 세운 후 뜨며, 기본적으로는 뜨개조직의 겉감면을 보고 뜨개도안을 시계 반대 방향으로 따라가며 뜬다.

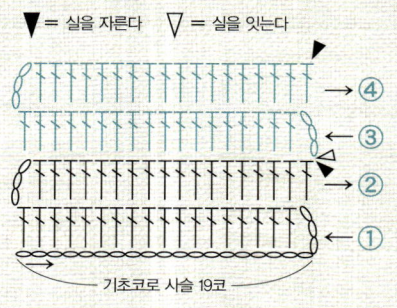

＊왕복뜨기를 할 때
좌우에 기둥코가 오는 것이 특징이다. 오른쪽에 기둥코가 있을 때는 뜨개조직 겉감면을 보고 뜨개도안을 오른쪽에서 왼쪽으로 따라가며 뜨고, 왼쪽에 기둥코가 있을 때는 뜨개조직 안감면을 보고 뜨개도안을 왼쪽에서 오른쪽으로 따라가며 뜨는 것이 기본이다. 그림은 셋째 단에서 배색실을 바꾸는 뜨개도안.

× 사슬코 보는 법 × 사슬코에는 겉과 안이 있다. 안쪽 가운데에 1줄이 나와 있는 부분을 사슬코 산이라고 한다.

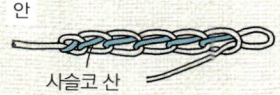

실과 바늘 잡는 법

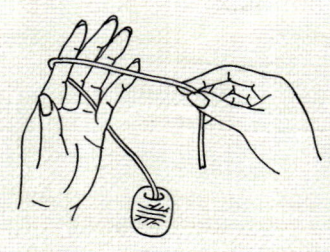 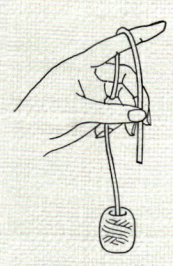 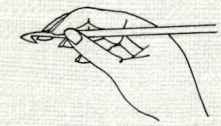

1 왼손 새끼손가락과 넷째 손가락 사이에서 실을 앞으로 빼서 집게손가락에 걸고 실 끝이 앞으로 나오게 한다.

2 엄지손가락과 가운뎃손가락으로 실 끝을 잡고, 집게손가락을 세워서 실이 팽팽해지도록 한다.

3 바늘은 엄지손가락과 집게손가락으로 잡고, 바늘에 가운뎃손가락을 살짝 댄다.

첫 코 만드는 법 (사슬뜨기)

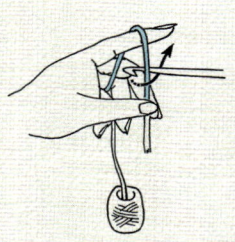 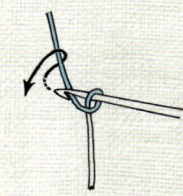 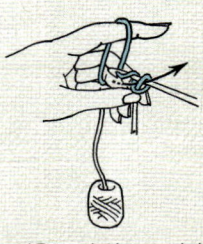 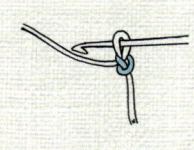

1 바늘을 실 뒤쪽에 두고 화살표처럼 바늘 끝을 돌린다.

2 바늘에 실을 건다.

3 실을 고리 안으로 지나게 하여 앞으로 끌어낸다.

4 실 끝을 당겨서 코를 조이면 첫 코 완성(이 코는 1코로 세지 않는다).

*첫 코(사슬뜨기)의 경우, 1단을 모두 뜨고 난 후에는 첫코의 콧수가 부족한 걸 알게 되어도 코를 늘릴 수 없으므로 첫코는 여유있게 뜨는 것이 좋다.

× 뜨개코 기호 ×

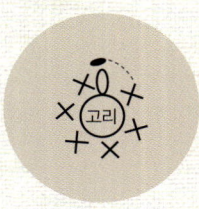

**중심에서부터
원형으로 뜰 때**
(실로 원형코 만들기)

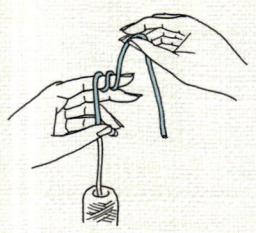

1 왼손 집게손가락에 실을 두 번 감아서 고리를 만든다.

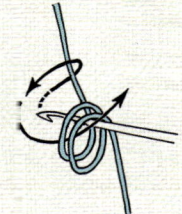

2 고리를 벗겨서 손에 들고, 고리 가운데로 바늘을 넣고 실을 걸어서 앞으로 끌어낸다.

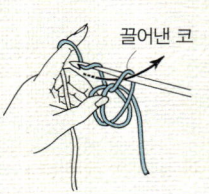

3 다시 바늘에 실을 걸고 끌어내어 기둥코가 될 사슬 1코를 뜬다.

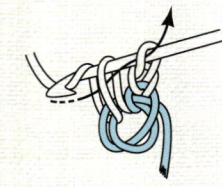

4 첫째 단은 고리 안으로 바늘을 넣어서 필요한 콧수만큼 짧은뜨기를 한다.

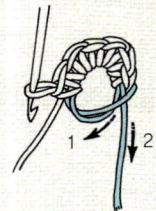

5 맨 처음 만든 고리의 실과 실 끝을 차례로 잡아당겨 고리를 조인다.

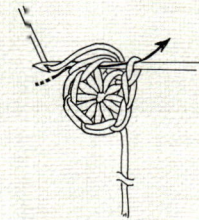
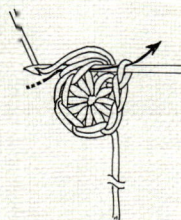

6 첫째 단 마지막에서는 첫째 짧은뜨기의 머리에 바늘을 넣고 실을 걸어 빼낸다.

**중심에서부터
원형으로 뜰 때**
(사슬코로 원형코 만들기)

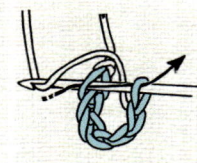

1 필요한 콧수만큼 사슬뜨기를 한 다음, 첫째 사슬의 반코에 바늘을 넣고 실을 걸어 빼낸다.

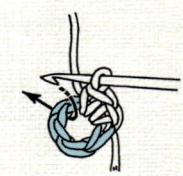
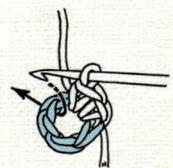

2 바늘에 실을 걸고 끌어내어 기둥코가 될 사슬코를 뜬다.

3 첫째 단은 사슬코로 만든 원형코 안으로 바늘을 넣고, 필요한 콧수만큼 코 아래에서 주워서 짧은뜨기를 한다.

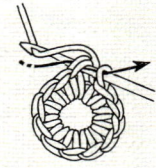

4 첫째 단 마지막에서는 첫째 짧은뜨기의 머리에 바늘을 넣고 실을 걸어 빼낸다.

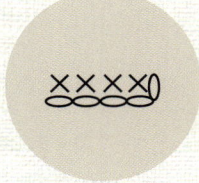

왕복뜨기를 할 때

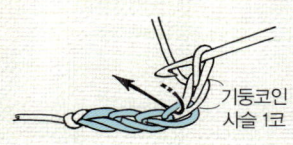

1. 필요한 콧수의 사슬코와 기둥코가 될 사슬코를 뜨고, 기둥코 직전 사슬에 바늘을 넣고 실을 걸어 끌어낸다.

2. 바늘에 실을 걸고 화살표처럼 실을 빼낸다.

3. 첫째 단을 뜬 모습(기둥코인 사슬 1코는 1코로 세지 않는다).

✕ 앞단에서 코 줍는 법 ✕

같은 구슬뜨기라도 뜨개도안에 따라서 코 줍는 법이 달라진다. 뜨개도안에서 기호 아래가 막혀 있으면 앞단의 1코에서 주워서 뜨고, 기호 아래가 열려 있으면 앞단의 사슬뜨기 코 아래에서 주워서 뜬다.

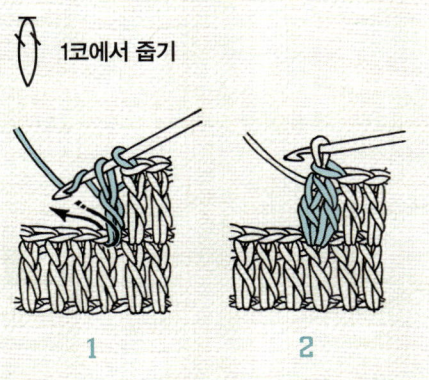

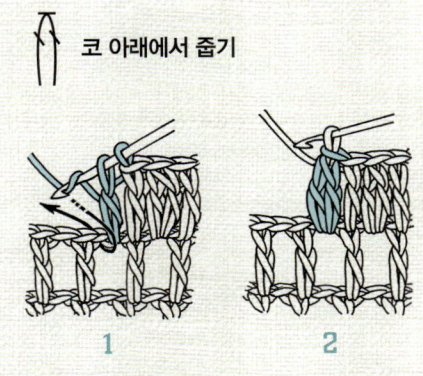

× 뜨개코 기호 ×

○ 사슬뜨기

 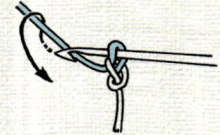 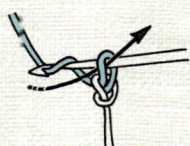 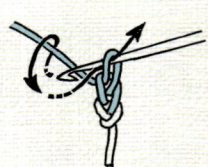 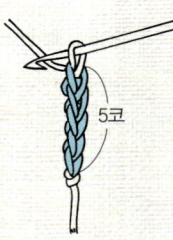

1 첫 코를 만들고 바늘에 실을 건다.
2 바늘에 걸린 실을 끌어내어 사슬코를 만든다.
3 바늘에 실을 걸어 끌어내는 과정을 되풀이하여 뜬다.
4 사슬뜨기 5코 완성.

● 빼뜨기

 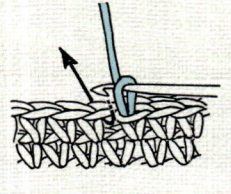  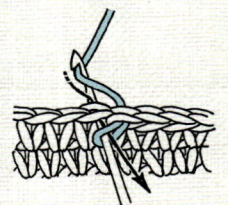 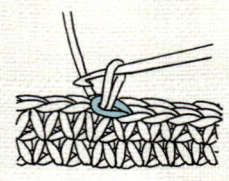

1 앞단 코에 바늘을 넣는다.
2 바늘에 실을 건다.
3 실을 한 번에 빼낸다.
4 빼뜨기 1코 완성.

× 짧은뜨기

 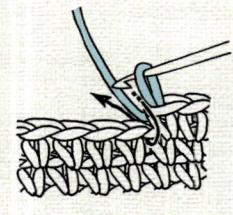 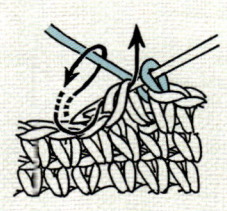 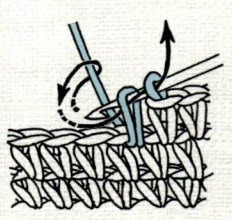 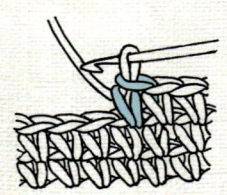

1 앞단 코에 바늘을 넣는다.
2 바늘에 실을 걸어서 고리를 앞으로 끌어낸다.
3 한 번 더 바늘에 실을 걸고 고리 2개 안으로 한 번에 빼낸다.
4 짧은뜨기 1코 완성.

긴뜨기

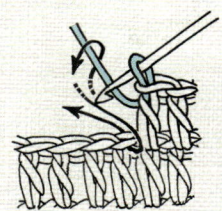 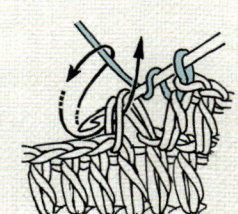 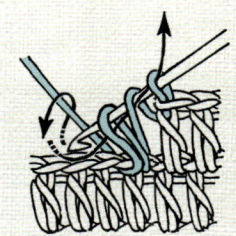 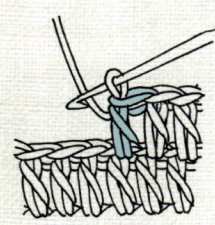

1. 바늘에 실을 건 후 앞단 코에 바늘을 넣는다.
2. 다시 바늘에 실을 걸어서 고리를 앞으로 끌어낸다. 이 상태를 미완성 긴뜨기라고 한다.
3. 바늘에 실을 걸고 고리 3개 안으로 한 번에 빼낸다.
4. 긴뜨기 1코 완성.

한길긴뜨기

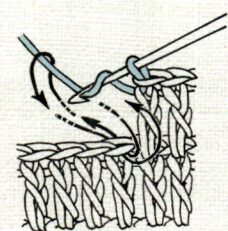 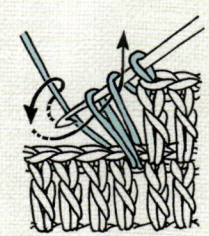 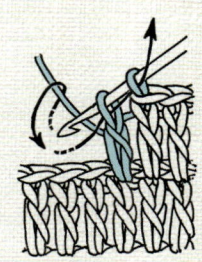 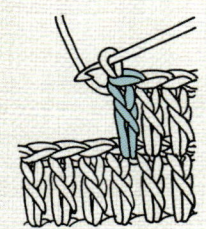

1. 바늘에 실을 건 후 앞단 코에 바늘을 넣고, 다시 실을 걸어서 고리를 앞으로 끌어낸다.
2. 화살표처럼 바늘에 실을 걸고 고리 2개 안으로 빼낸다. 이 상태를 미완성 한길긴뜨기라고 한다.
3. 한 번 더 바늘에 실을 건 후 남은 고리 2개 안으로 한 번에 빼낸다.
4. 한길긴뜨기 1코 완성.

두길긴뜨기 · 세길긴뜨기

*괄호( ) 안 내용은 세길긴뜨기를 할 때

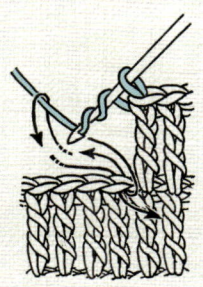 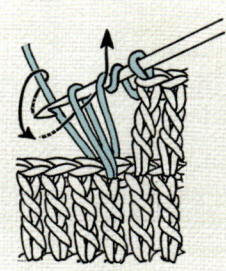 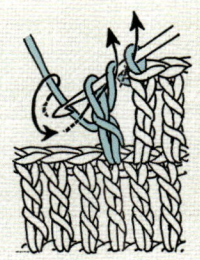 

1. 바늘에 실을 두 번(세 번) 감은 후 앞단 코에 바늘을 넣고, 실을 걸어서 고리를 앞으로 끌어낸다.
2. 화살표처럼 바늘에 실을 걸고 고리 2개 안으로 빼낸다.
3. 2를 한 번(두 번) 더 되풀이한 후 다시 바늘에 실을 걸고 남은 고리 하나 안으로 빼낸다.
4. 두길긴뜨기 1코 완성.

× 뜨개코 기호 ×

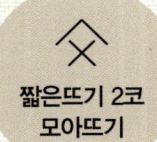
짧은뜨기 2코 모아뜨기

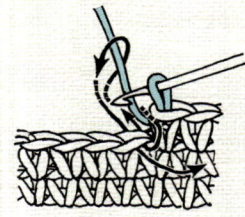
1 앞단의 1코에 화살표처럼 바늘을 넣어 고리를 끌어낸다.

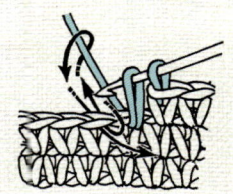
2 다음 코에서도 같은 방법으로 고리를 끌어낸다.

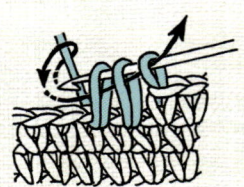
3 바늘에 실을 걸고 고리 3개 안으로 한 번에 빼낸다.

4 짧은뜨기 2코 모아뜨기 완성. 앞단보다 1코 줄어든 상태.

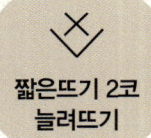
짧은뜨기 2코 늘려뜨기

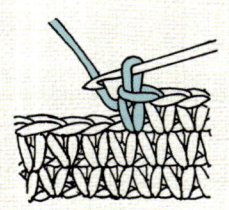
1 짧은뜨기를 1코 한다.

2 같은 코에 바늘을 한 번 더 넣어서 고리를 앞으로 끌어낸다.

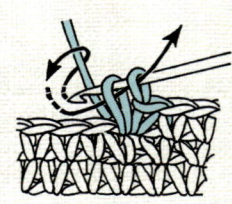
3 바늘에 실을 걸고 고리 2개 안으로 한 번에 빼낸다.

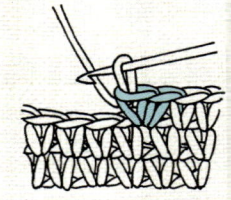
4 짧은뜨기 2코 늘려뜨기 완성. 앞단보다 1코 늘어난 상태.

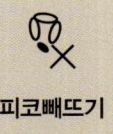
피코빼뜨기

1 사슬 3코를 뜬다.

2 짧은뜨기의 머리 부분 한코와 다리 1가닥에 바늘을 넣는다.

3 바늘에 실을 걸고 화살표처럼 한 번에 빼낸다.

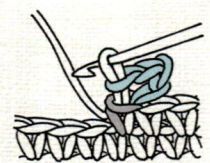
4 피코빼뜨기 완성.

한길긴뜨기
2코 모아뜨기

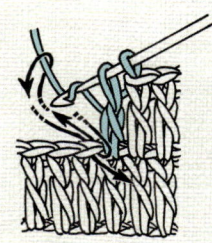 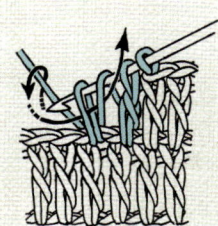 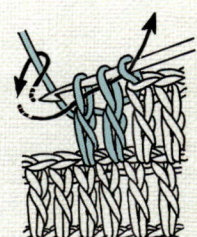 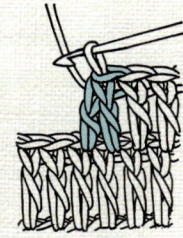

1 앞단의 1코에 미완성 한길긴뜨기를 1코 뜨고 다음 코에 화살표처럼 실을 걸고 바늘을 넣어서 고리를 끌어낸다.

2 바늘에 실을 걸고 고리 2개 안으로 빼내서 두 번째로 미완성 한길긴뜨기를 만든다.

3 바늘에 실을 걸고 화살표처럼 고리 3개 안으로 한 번에 빼낸다.

4 한길긴뜨기 2코 모아뜨기 완성. 앞단보다 1코 줄어든 상태.

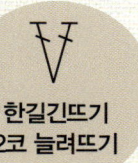

한길긴뜨기
2코 늘려뜨기

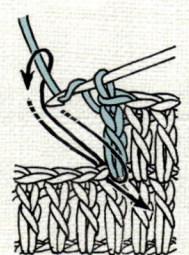  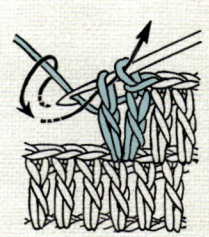 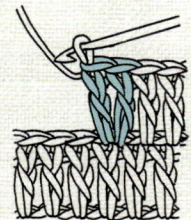

1 한길긴뜨기를 1코 하고 같은 코에 한 번 더 한길긴뜨기를 한다.

2 바늘에 실을 걸고 고리 2개 안으로 빼낸다.

3 한 번 더 바늘에 실을 건 후 남은 고리 2개 안으로 빼낸다.

4 한길긴뜨기 2코 늘려뜨기 완성. 앞단보다 1코 늘어난 상태.

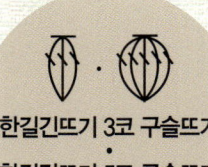

한길긴뜨기 3코 구슬뜨기
·
한길긴뜨기 5코 구슬뜨기

*괄호( ) 안 내용은 한길긴뜨기 5코 구슬뜨기를 할 때

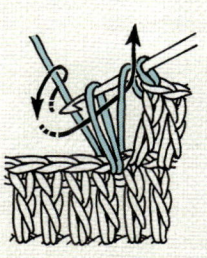  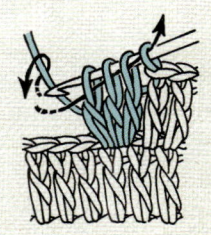 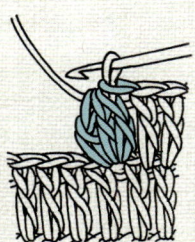

1 앞단 코에 미완성 한길긴뜨기를 1코 뜬다.

2 같은 코에 바늘을 넣어 미완성 한길긴뜨기를 계속해서 2코(4코) 뜬다.

3 바늘에 실을 걸고, 바늘에 걸려 있는 고리 4개(6개) 안으로 한 번에 빼낸다.

4 한길긴뜨기 3코 구슬뜨기 완성.

× 뜨개코 기호 ×

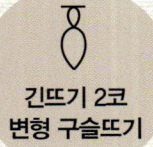
긴뜨기 2코 변형 구슬뜨기

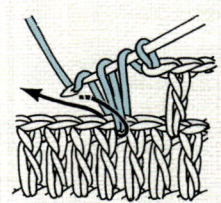
1 앞단의 같은 코에 바늘을 넣어서 미완성 긴뜨기를 2코 뜬다.

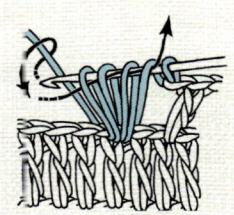
2 바늘에 실을 걸고 화살표처럼 고리 4개 안으로 빼낸다.

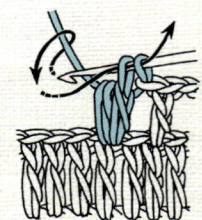
3 한 번 더 바늘에 실을 건 후 남은 코 안으로 한 번에 빼낸다.

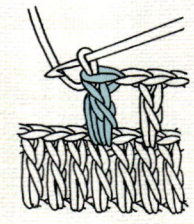
4 긴뜨기 2코 변형 구슬뜨기 완성.

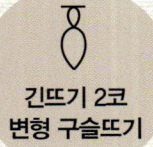
긴뜨기 3코 변형 구슬뜨기

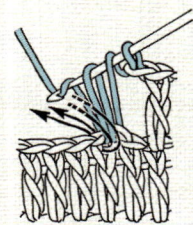
1 앞단의 같은 코에 바늘을 넣어서 미완성 긴뜨기를 3코 뜬다.

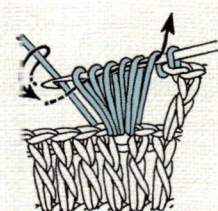
2 바늘에 실을 걸고 화살표처럼 고리 6개 안으로 빼낸다.

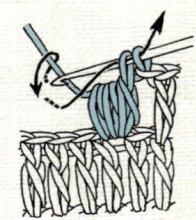
3 한 번 더 바늘에 실을 건 후 남은 코 안으로 한 번에 빼낸다.

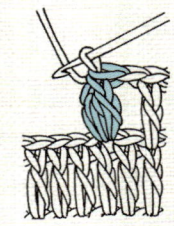
4 긴뜨기 3코 변형 구슬뜨기 완성.

이랑뜨기 · 한길긴뜨기의 이랑뜨기

*괄호( ) 안 내용은 한길긴뜨기의 이랑뜨기를 할 때

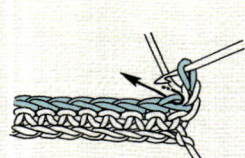
1 앞단 코의 뒤쪽 반코에 화살표처럼 바늘을 넣는다.

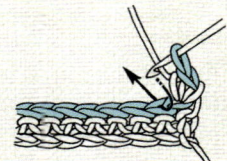
2 짧은뜨기(한길긴뜨기)를 하고, 다음 코도 같은 방법으로 뒤쪽 반코에 바늘을 넣는다.

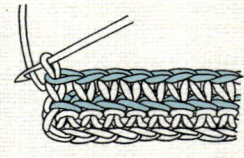
3 끝까지 뜨면 뜨개조직 방향을 바꾼다.

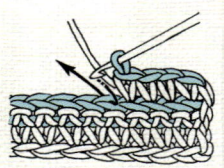
4 1, 2와 같은 방법으로 뒤쪽 반코에 바늘을 넣어서 짧은뜨기(한길긴뜨기)를 한다.

줄기뜨기 · 한길긴뜨기의 줄기뜨기

*괄호( ) 안 내용은 한길긴뜨기의 줄기뜨기를 할 때

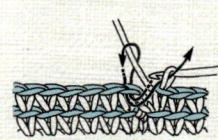

1 단마다 겉감면을 보고 뜬다. 한 바퀴 돌아가며 짧은뜨기를 한 다음 첫 코에서 빼뜬다.

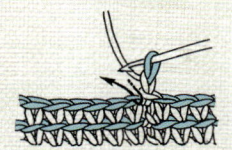

2 기둥코로 사슬 1코(3코)를 뜨고, 앞단의 뒤쪽 반코를 주워서 짧은뜨기(한길긴뜨기)를 한다.

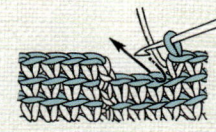

3 2의 요령으로 똑같이 되풀이하여 짧은뜨기(한길긴뜨기)를 쭉 한다.

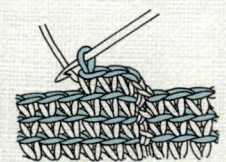

4 앞단의 앞쪽 반코가 줄기 모양으로 남는다. 줄기뜨기 셋째 단을 뜨는 모습.

스레드 끈 (빼뜨기 끈)

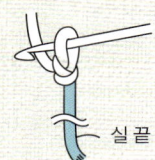

1 실 끝에서부터 완성 치수의 약 3배를 남겨 두고 첫 코를 만든다(p.9 참조).

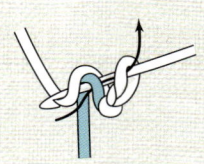

2 남긴 실을 앞쪽에서부터 뒤쪽으로 걸고, 다른 한쪽의 뜨개실을 바늘에 걸어 빼낸다.

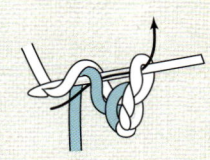

3 2를 되풀이하여 필요한 콧수만큼 뜬다.

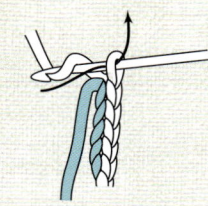

4 마칠 때에는 실을 걸지 않고 뜨개실만 걸어서 끌어낸다.

× 자수 기초 ×

스트레이트 스티치
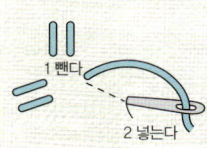

아웃라인 스티치
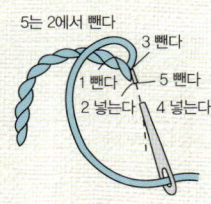

새틴 스티치
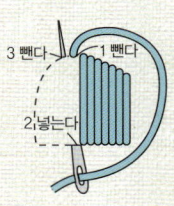

프렌치 노트 스티치
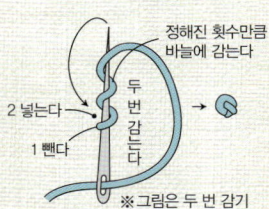

※그림은 두 번 감기

× 그 외의 기초 Index ×

고무실 끼우는 법 … P.19
긴뜨기 3코 변형 구슬뜨기 2코 모아뜨기 하는 법 … P.21
레이스B 다는 법 … P.18
레이스A 다는 법 … P.18
모티브 뜨면서 잇는 법 … P.21
배색 줄무늬 뜨는 법 … P.22
소매 솔기 · 옆선 잇는 법(사슬뜨기로 잇기) … P.23

소매 다는 법(감침질로 잇기) … P.23
실 걸치는 법 … P.19
어깨 잇는 법(사슬뜨기로 잇기) … P.19
어깨 잇는 법(감침질로 잇기) … P.22
옆면과 바닥 뜨는 법 … P.18
진동 · 소매 솔기 잇는 법(사슬뜨기로 잇기) … P.20

× Point Lesson ×

3/4 × 아기 신발 ×
옆면과 바닥 뜨는 법
photo ... p.26, how to knit ... p.29

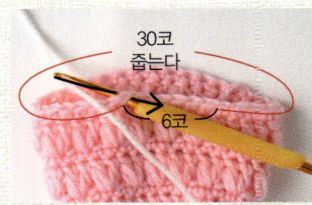 

1 발부리부터 발등까지 9단 뜨고 빼뜨기한 후 실을 자른다. 발등쪽 6코를 비워두고 옆면과 바닥을 뜨기 시작할 자리에 바늘을 넣어서 실을 끌어내어 잇는다.

2 사슬 3코로 기둥코를 세우고 옆면과 바닥을 안과 겉을 돌려가며 왕복뜨기로 뜬다.

5 × 손싸개 ×
레이스B 다는 법   photo ... p.27, how to knit ... p.30

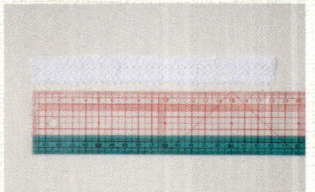   

1 레이스B를 18cm(레이스 부착할 곳의 치수의 약 1.8배+시접 2cm)로 자른다.

2 레이스의 실을 당겨서 부착할 곳의 치수+접는 부분 2cm가 되도록 주름을 잡고, 실 끝을 두 번 묶는다(오른쪽 위 사진).

3 레이스 양 끝을 1cm씩 접어서 레이스를 시침핀으로 손등 쪽에 고정한다. 꿰매기 시작할 때는 박음질(오른쪽 위 사진)을 하고, 홈질로 레이스를 단다. 끝낼 때도 박음질한다.

4 실 끝은 안쪽으로 빼서 뜨개조직에 통과시키고 살짝 당겨 짧게 자른다.

레이스A 다는 법

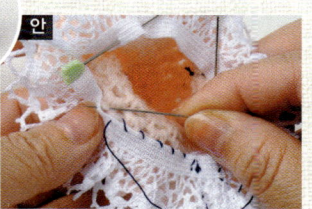 

1 레이스A를 18cm(레이스 부착할 곳의 치수+시접 2.8cm)로 자른다. 레이스를 안끼리 맞대어 시접 0.7cm를 두고 꿰맨다. 레이스를 다시 겉끼리 맞대어 시접 0.7cm를 두고 꿰맨다(오른쪽 위 사진).

2 레이스와 손싸개의 가장자리뜨기를 안끼리 맞대어, 레이스를 가장자리뜨기 첫째 단의 긴뜨기 머리에 꿰매 준다.

3 레이스A와 레이스B를 단 모습.

고무실 끼우는 법

 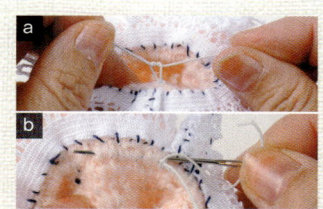 

1. 고무실 20㎝를 돗바늘에 꿰어서, 가장자리뜨기 첫째 단의 긴뜨기 다리(안쪽)에 통과시킨다.

2. 끼우고 난 뒤에 고무실을 2㎝쯤 남겨서 두 번 묶는다(a). 고무실 끝은 가장자리뜨기 첫째 단의 뜨개조직에 통과시킨다(b).

3. 손싸개 완성.

8/9 ✕ 기념일 드레스/베이비 드레스 ✕   photo ... p.32-33, how to knit ... p.34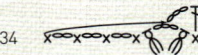

실 걸치는 법   *실을 자르지 않고 뜨는 자리를 옮기는 방법(오른쪽 위 뜨개도안 ⟋ 뜨는 법)

 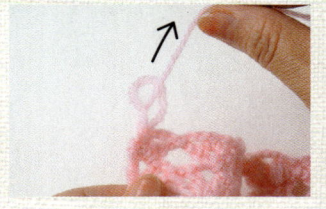  

1. 왼쪽 앞 몸판 목둘레의 첫째 단을 다 뜨면, 뜨개코에서 바늘을 빼고 코를 크게 넓혀서 그 고리 안으로 실타래를 빼낸다.

2. 실 끝을 당겨서 조인다.

3. 뜨개조직을 뒤집고, 조인 실을 뜨개코를 따라 걸치면서 실을 이을 코에 바늘을 넣는다. 이때 걸친 실이 당겨지지 않도록 조심한다.

4. 3의 화살표처럼 실을 끌어낸다(a). 둘째 단을 뜬다(b).

어깨 잇는 법(사슬뜨기로 잇기)

1. 앞뒤 몸판의 어깨를 겉끼리 맞대고 끝코에 바늘을 넣어서 뜨기 끝의 실을 끌어낸다. 바늘에 실을 걸고 화살표처럼 빼낸다(오른쪽 위 사진).

2. 다음 코에 빼뜨기를 1코, 사슬뜨기를 1코 한다.

3. 한길긴뜨기 코에는 빼뜨기를, 사슬뜨기 자리에는 사슬뜨기를 하며 끝까지 잇는다.

4. 실 끝은 끝코에 통과시키고 짧게 자른다.

진동·소매 솔기 잇는 법(사슬뜨기로 잇기)

• 실표뜨기를 한다

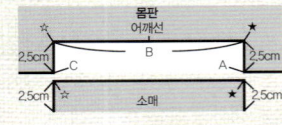

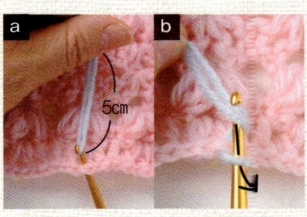

5 어깨가 서로 이어진 상태(겉).

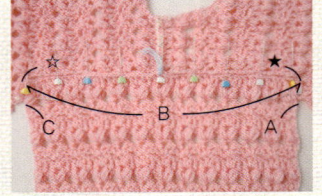

1 소매 중심에 실표뜨기를 한다. 중심 코에 바늘을 넣어서 실 고리를 끌어내고(a), 실 고리 안으로 실 끝을 끌어낸다(b).

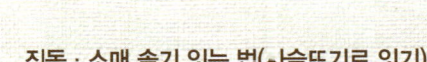

2 뜨개조직 안을 보며 어깨선과 소매의 실표, ☆·★표시를 각각 맞춰서 시침핀을 꽂고, 소매와 몸판을 자연스럽게 잇대며 시침핀을 촘촘하게 꽂아서 고정한다.

3 소매 쪽을 앞으로 오게 잡고, A의 아래쪽 끝에 바늘을 넣고 뜨개조직을 이을 실을 빼내어 실을 잇는다.

4 빼뜨기를 1코, 사슬뜨기를 3코 한다.

5 4의 ●표시에 빼뜨기를 1코 하고, 계속해서 사슬뜨기를 3코 한 뒤에 귀퉁이(2의 ★표시)에 빼뜨기를 한다.

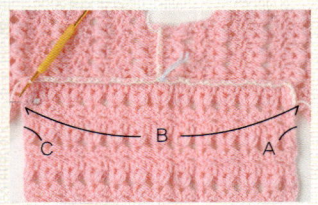

6 B를 소매의 뜨개코에 맞춰서 사슬뜨기로 잇는다(어깨 잇는 법 참조). C는 A와 같은 방법으로 사슬뜨기로 이어 준다.

7 소매를 겉면끼리 맞대어 접고, 진동에서부터 연결하여 소매 솔기를 잇는다. 소매의 스물첫째 단에 바늘을 넣고 실을 걸어서 빼뜨기를 1코 한다.

8 이어서 사슬뜨기를 3코 한다.

9 8의 ●표시에 바늘을 넣어서 빼뜨기를 1코 한다.

10 8, 9를 되풀이하여 사슬뜨기로 소매 솔기를 잇는다.

11 진동에서부터 연결하여 소매 솔기를 이은 상태(겉쪽).

13/14 × 튜닉 조끼 × photo ... p.42-43, how to knit ... p.44

모티브 뜨면서 잇는 법

1 둘째 모티브를 뜨면서 이을 사슬뜨기 고리까지 뜬다.

2 이을 고리 아래로 바늘을 넣고 실을 걸어서 빼낸다. 오른쪽 위 사진은 빼낸 모습.

3 이어서 사슬뜨기를 2코, 짧은 뜨기를 1코 한다. 고리 1개를 뜨면서 이은 모습.

4 2, 3을 되풀이하여 고리 2개를 뜨면서 잇고, 둘째 모티브를 다 뜬 상태.

17 × 블랭킷 × photo ... p.54, how to knit ... p.56

긴뜨기 3코 변형 구슬뜨기 2코 모아뜨기 하는 법

1 첫째 단의 사슬 2코를 뜨고 무늬뜨기 자리까지 뜬 후「바늘에 실을 걸고 ●표시 자리(사슬코 산)에 바늘을 넣어 실을 끌어낸다」.

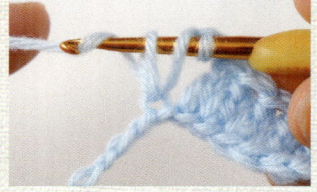
2 1의「」를 두 번 되풀이한다.

3 바늘에 실을 걸어서 화살표처럼 빼낸다.

4 사슬 3코를 건너뛰고 넷째 코의 사슬코 산(●표시)에 1의「」를 세 번 되풀이한 뒤에 3과 같은 방법으로 빼낸다.

둘째 단의 코 줍는 자리

5 바늘에 실을 걸고 화살표처럼 한 번에 빼낸다.

6 긴뜨기 3코 변형 구슬뜨기 2코 모아뜨기 완성.

7 ●표시된 코에 긴뜨기 3코 변형 구슬뜨기, 사슬뜨기 3코, 긴뜨기 3코 변형 구슬뜨기를 한다.

18 × 목도리 ×

배색 줄무늬 뜨는 법

photo ... p.55, how to knit ... p.57

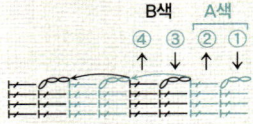

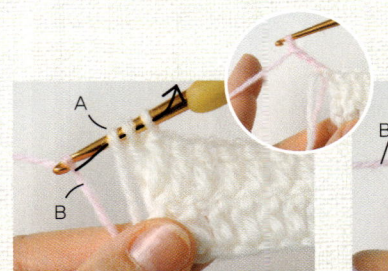

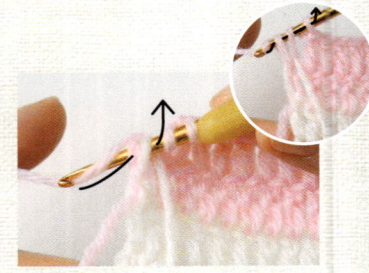

1 둘째 단의 마지막 한길긴뜨기를 미완성 한길긴뜨기(p.13 참조) 상태까지 뜬 후, 지금까지 뜨던 A색 실을 사진처럼 바늘에 걸어서 쉬게 한다. B색 실을 바늘에 걸어서 빼내고, 셋째 단 기둥코로 사슬 3코를 뜬다(오른쪽 위 사진).

2 B색 실로 셋째 단과 넷째 단 마지막 한길긴뜨기의 1코 앞까지 뜬다. 마지막 코는 바늘에 B색 실을 걸고, 둘째 단에서 쉬게 둔 A색 실을 셋째 단 기둥코를 따라서 댄다.

3 셋째 단 기둥코의 셋째 코와 기둥코를 따라 댄 A색 실에 바늘을 넣고 B색 실을 걸어서 빼내어 A색 실을 감싸며 뜬다. 한 번 더 바늘에 B색 실을 걸어서 빼낸다(오른쪽 위 사진).

4 B색 실을 사진처럼 바늘에 걸어서 쉬게 두고 A색 실을 바늘에 걸어서 빼낸다.

5 다섯째 단 기둥코로 사슬 3코를 뜬 다음 2~4를 되풀이한다. 끌어올린 실은 끝코에 들어가서 떠진다.

27/28 × 재킷 ×

photo ... p.72-73, how to knit ... p.74

어깨 잇는 법(감침질로 잇기)

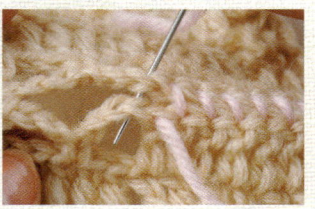

1 돗바늘을 사용한다. 어깨를 안끼리 맞대고, 끝코에 사진처럼 바늘을 통과시킨다.

2 잇기 시작할 때는 뜨개코의 사슬머리를 2코씩 앞에서 뒤로 꿰멘다. 처음 부분은 두 번 감는다. 한길긴뜨기는 머리의 사슬코를 1코씩 잇는다.

3 사슬뜨기는 사슬코 산에 바늘을 넣어서 1코씩 잇는다.

4 잇기를 끝낼 때는 바늘을 두 번 통과시켜 마무리하고 실 끝은 뜨개조직의 다리에 통과시킨 뒤에 짧게 자른다.

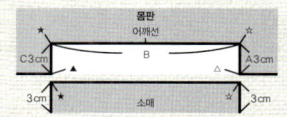

소매 다는 법(감침질로 잇기)

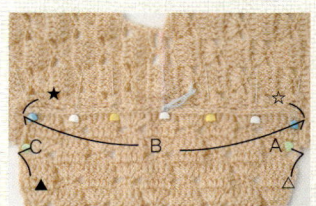

1 소매 중심에 실표뜨기를 한다 (p.20 참조). 뜨개조직 겉면을 보며 실표와 어깨선, ☆·★표시를 각각 맞춰서 시침핀을 꽂고, 진동둘레와 소매를 잇대고 시침핀을 촘촘하게 꽂아서 고정한다.

2 돗바늘을 사용한다. 1의 △표시 자리는 몸판에서 소매 쪽으로 바늘을 통과시킨다.

3 잇기 시작할 때는 같은 코에 바늘을 두 번 통과시킨다.

4 A 부분은 진동둘레(몸판 쪽) 머리의 사슬코를 기준으로 해서 1코씩 감쳐서(어깨 잇기 참조) ☆표시까지 잇는다.

5 B는 소매 마지막 단 머리의 사슬을 기준으로 해서 1코씩 감쳐서 잇고, C는 4와 같은 방법으로 감쳐서 잇는다.

6 감침질로 소매를 이은 상태.

소매 솔기·옆선 잇는 법(사슬뜨기로 잇기)

1 소매 솔기에서부터 옆선까지 사슬뜨기로 잇는다. 소매를 겉면끼리 맞대어 접고, 소맷부리 쪽 끝코(기초코)에 바늘을 통과시켜서 바늘에 실을 걸고 끌어내어 실을 잇고 빼뜬다(오른쪽 위 사진).

2 사슬 3코를 뜬다.

3 첫째 단 기둥코의 셋째 사슬코(2의 ●표시)에 빼뜨고 사슬 3코를 뜬다(a). 둘째 단 한길긴뜨기 머리(a의 ●표시)에 빼뜬다(b).

4 2, 3을 되풀이하여 △까지 잇는다.

5 계속하여 옆선을 소매 솔기와 같은 방법으로 잇는다(안).

6 소매를 달고 소매 솔기, 옆선을 이은 상태(겉).

××× 작은 천사들에게

천진난만하게 웃는 얼굴과 몸짓이 너무나도 귀여운 천사들.
이 장에서는 갓 태어난 아기에게 쓸모 있는 예쁘면서도 입히기 쉬운 옷과
선물로도 인기 있는 베이직한 스타일의 옷을 소개합니다.
특별한 날을 위한 기념일 드레스 등은 조금만 시간을 들여서 만들면,
입혔을 때의 기쁨도 각별하답니다.

보닛 / 아기 신발

처음 손뜨개를 시작하는 사람이라면 이 세트부터 떠보는 건 어떨까요?
아기의 머리와 발을 부드럽게 감싸줄 사랑스러운 보닛과 신발입니다.

1

2

3

4

how to knit ... p.28-29 point lesson ... p.18

0~12개월

손싸개 / 젖병 싸개

신생아의 손톱은 얇고 날카로워 보드라운 아기의 얼굴에 상처를 내기 쉬워요.
아기의 손을 귀여운 손싸개로 감싸 상처를 방지해 주세요.
젖병 싸개 역시 레이스를 달아 세트로 만들었습니다.

how to knit ... p.30-31 point lesson ... p.18

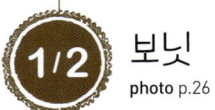

1/2 보닛

photo p.26

✕ 재료

❶ … 큐피드 6(아이보리) 28g, 토숀 레이스 흰색 43cm(A), 70cm(B)

❷ … 큐피드 3(분홍) 28g

✕ 코바늘

3/0호 바늘

✕ 완성 치수

그림 참조

✕ 뜨는 법

*몸판 뜨기, 가장자리뜨기는 1/2 공통

1 몸판 뜨기

기초코로 사슬 29코를 잡아서 무늬뜨기로 18단 뜬다.

2 가장자리뜨기 하기

목둘레에 가장자리뜨기를 1단 한다.

3 각 부분 뜨기

❶ … 스레드 끈을 떠서(p.17 참조) 목둘레의 가장자리뜨기에 끼운 뒤에 끈 끝의 장식을 떠 준다.

❷ … 모티브를 2장 뜨고 스레드 끈을 뜬다(p.17 참조).

4 마무리하기

❶ … 토숀 레이스를 단다(p.18 참조).

❷ … 끈을 가장자리뜨기에 끼운 뒤에 끈 끝에 모티브를 단다.

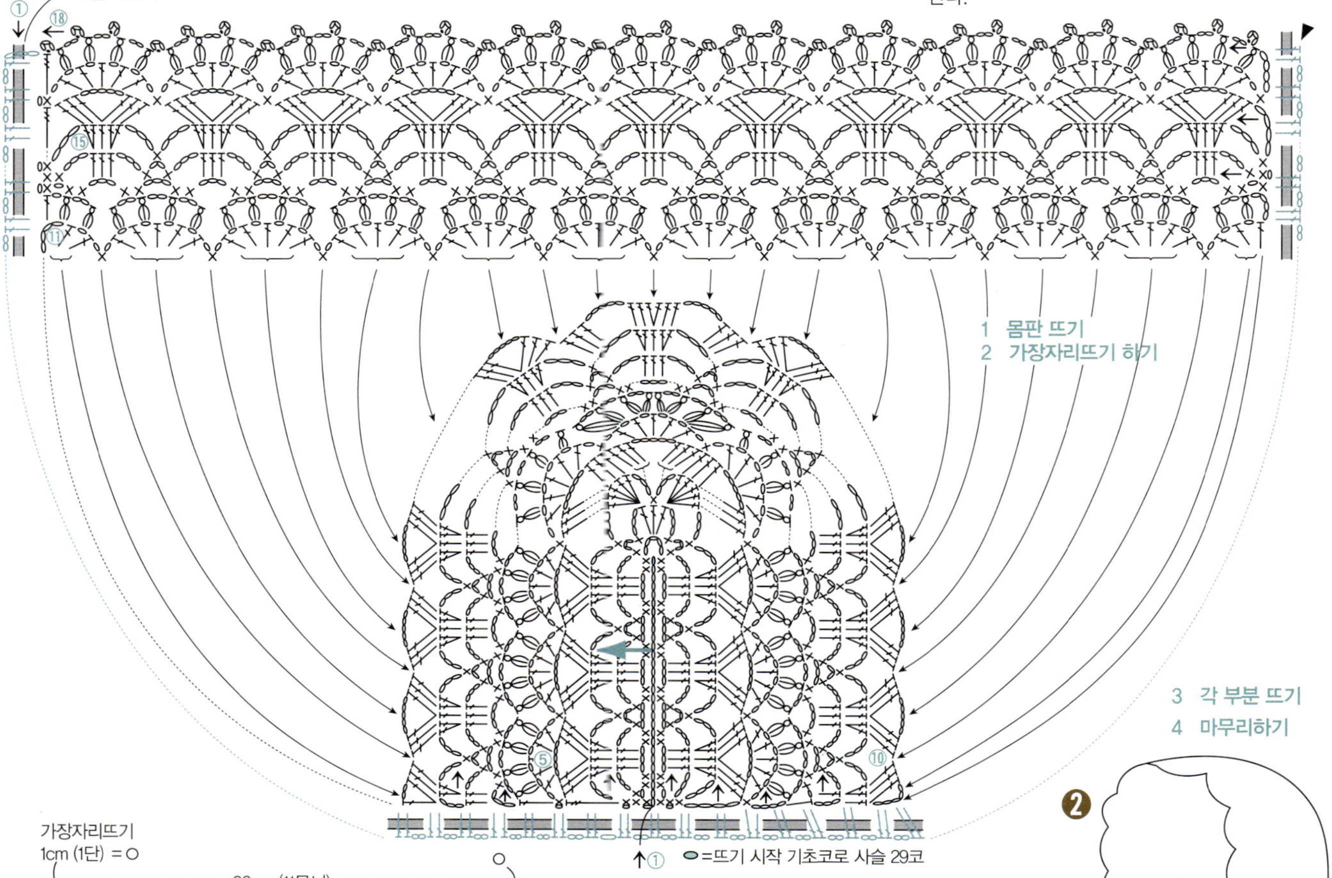

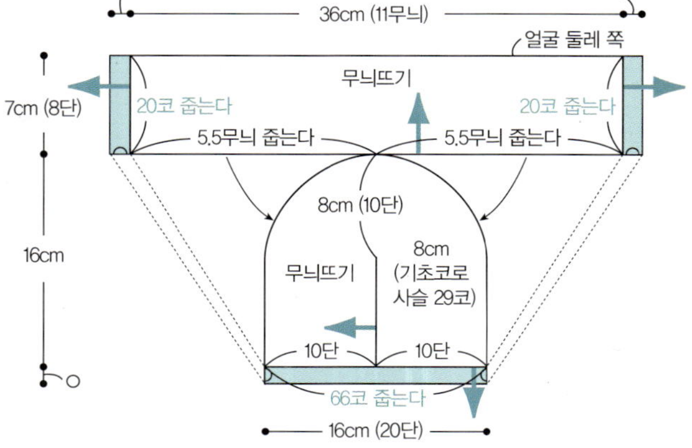

3 각 부분 뜨기
4 마무리하기

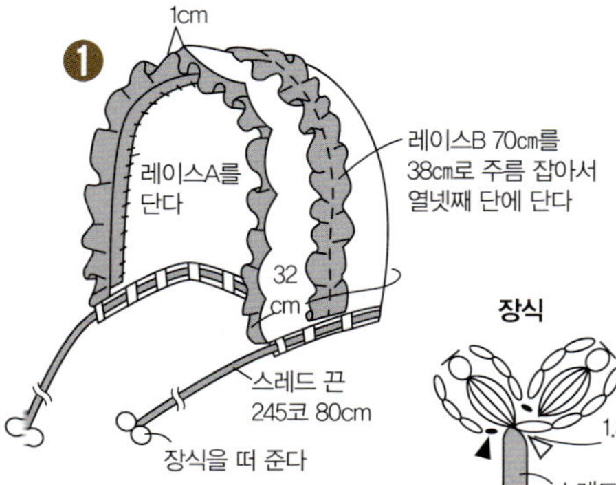

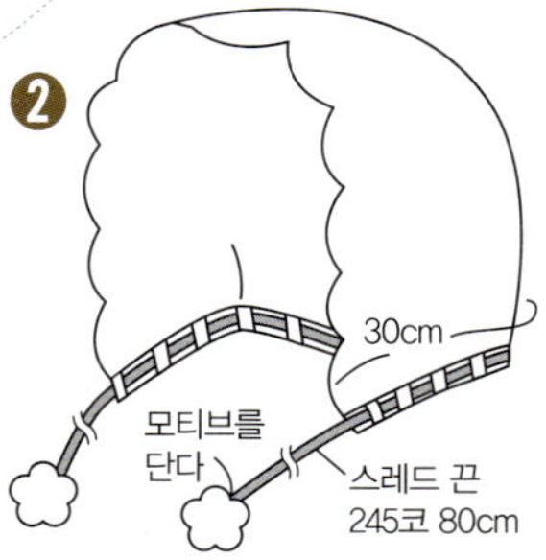

장식

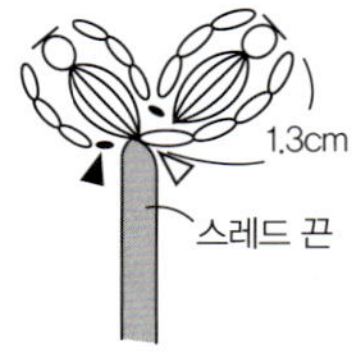

모티브 2장

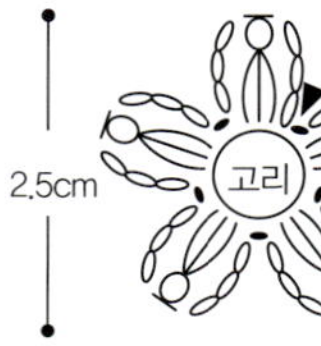

*레이스 다는 법은 p.18 참조

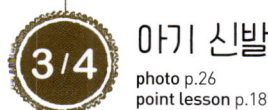

3/4 아기 신발

photo p.26
point lesson p.18

× 재료

❸ … 큐피드 6(아이보리) 20g, 토숀 레이스 흰색 32cm

❹ … 큐피드 3(분홍) 23g

× 코바늘 3/0호 바늘

× 완성 치수 그림 참조

× 뜨는 법

*몸판 뜨기는 3/4 공통

1 몸판 뜨기(p.18 참조)

실로 원형코를 만들어서 발부리에서부터 원통뜨기로 발등 부분을 9단 뜬다. 발등 쪽 6코를 쉬게 두고, 30코를 주워서 옆면과 바닥을 왕복뜨기로 10단 뜬다. 뜨기 끝의 11코씩을 감침질로 잇는다(감침질로 잇는 방법은 p.22~23 참조). 신발 입구는 38코를 주워서 짧은뜨기를 1단 한다.

2 마무리하기

❸ … 신발 입구에 가장자리뜨기를 2단 하고, 끈을 떠서 가장자리뜨기 첫째 단에 끼운다. 신발 입구에 레이스를 단다(p.18 참조).

❹ … 발뒤꿈치 중심에 고리를 떠 준다. 리본을 한길긴뜨기로 떠서 고리에 끼운다.

1 몸판 뜨기

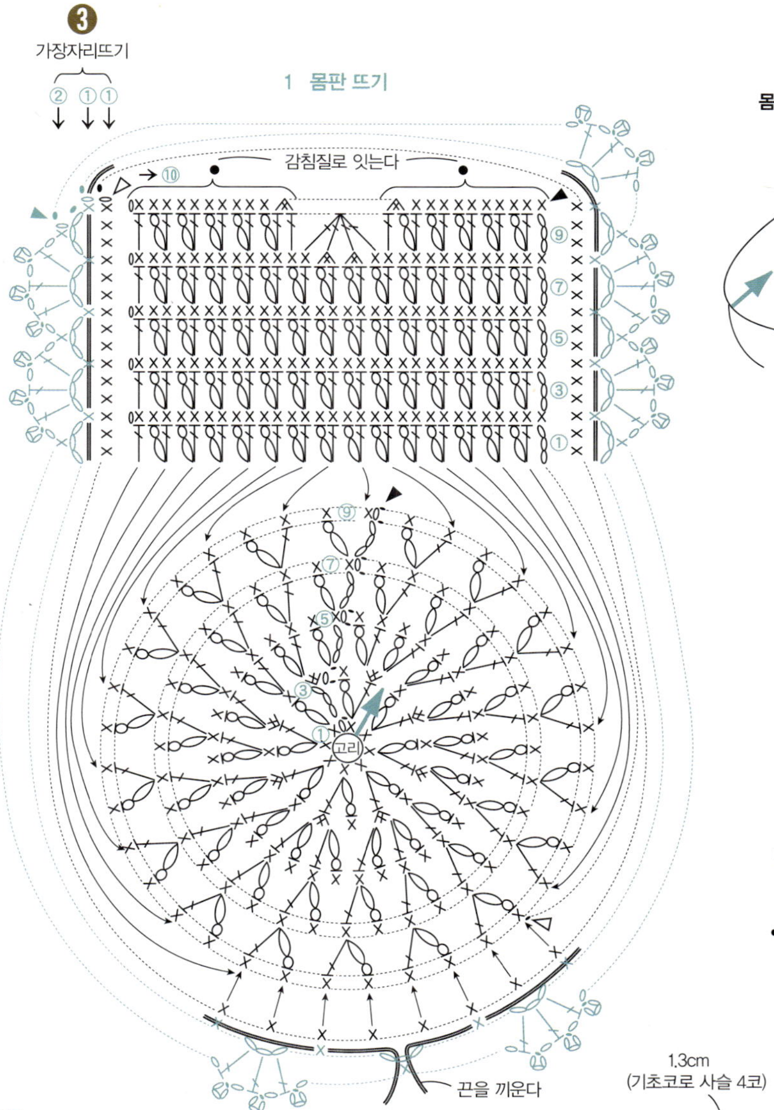

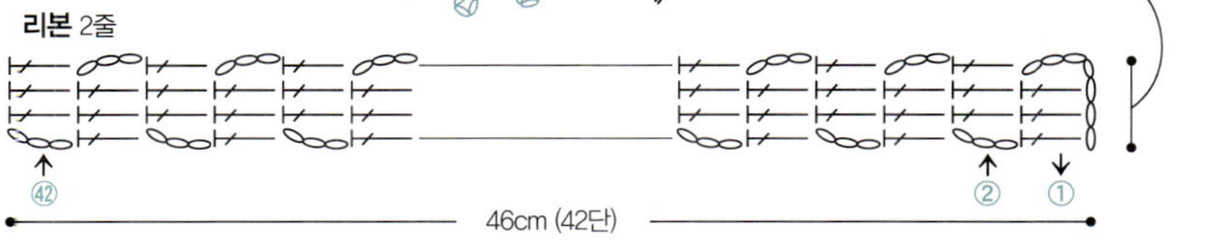

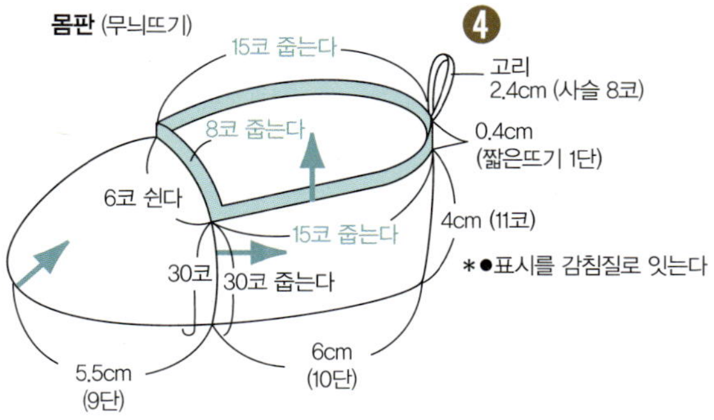

2 마무리하기

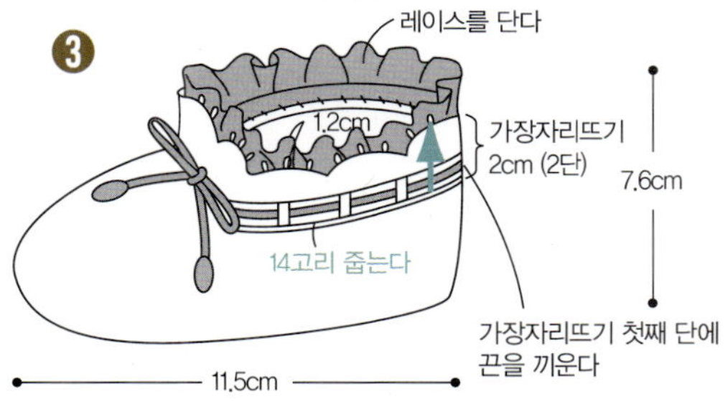

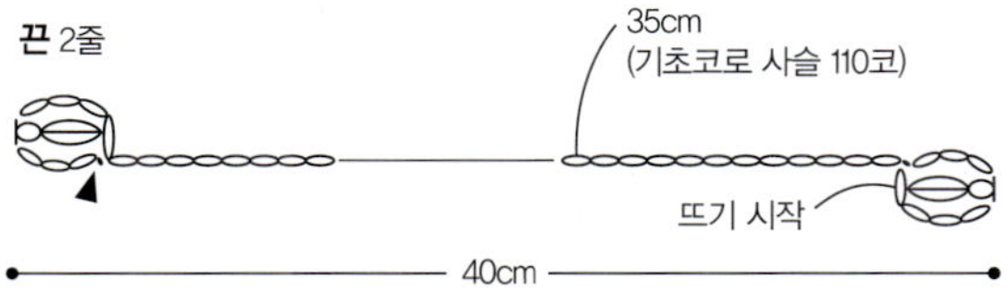

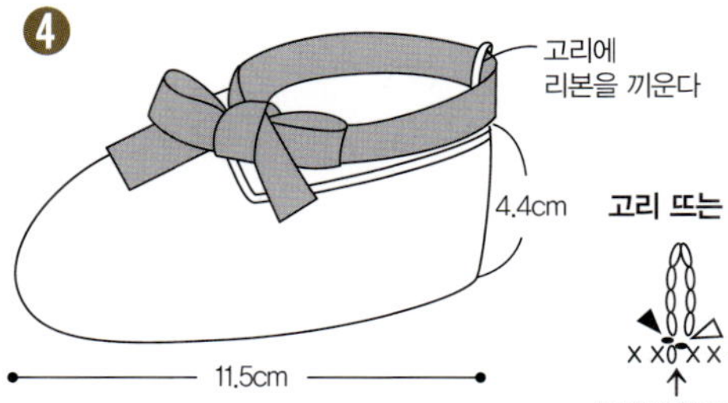

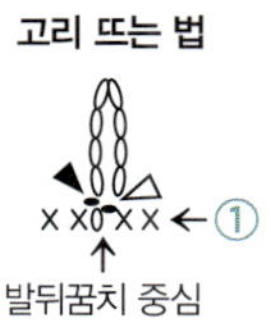

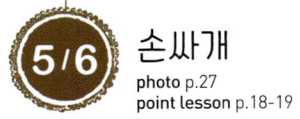

5/6

손싸개

photo p.27
point lesson p.18-19

× 재료

❺ … 큐피드 6(아이보리) 16g, 트숀 레이스 흰색 36cm(A), 36cm(B), 고무실(흰색) 40cm

❻ … 큐피드 3(분홍) 18g, 고무실(분홍) 40cm

× 코바늘 3/0호 바늘

× 완성 치수 그림 참조

× 뜨는 법

*몸판 뜨기, 가장자리뜨기는 5/6 공통

1 몸판 뜨기, 가장자리뜨기 하기

실로 원형코를 만들어서 무늬뜨기로 14단 뜨고 계속하여 가장자리뜨기를 3단 한다.

2 마무리하기

❺ … 토숀 레이스를 달고, 가장자리뜨기 첫째 단의 긴뜨기 다리에 고무실을 끼운다(p.19 참조).

❻ … 꽃 모티브를 2장, 잎 모티브를 2장 떠서 손등 쪽에 단다. 좌우 대칭이 되도록 모티브를 배치하고 꿰맨다. 가장자리뜨기 첫째 단의 긴뜨기 다리에 고무실을 끼운다(p.19 참조).

1 몸판 뜨기, 가장자리뜨기 하기

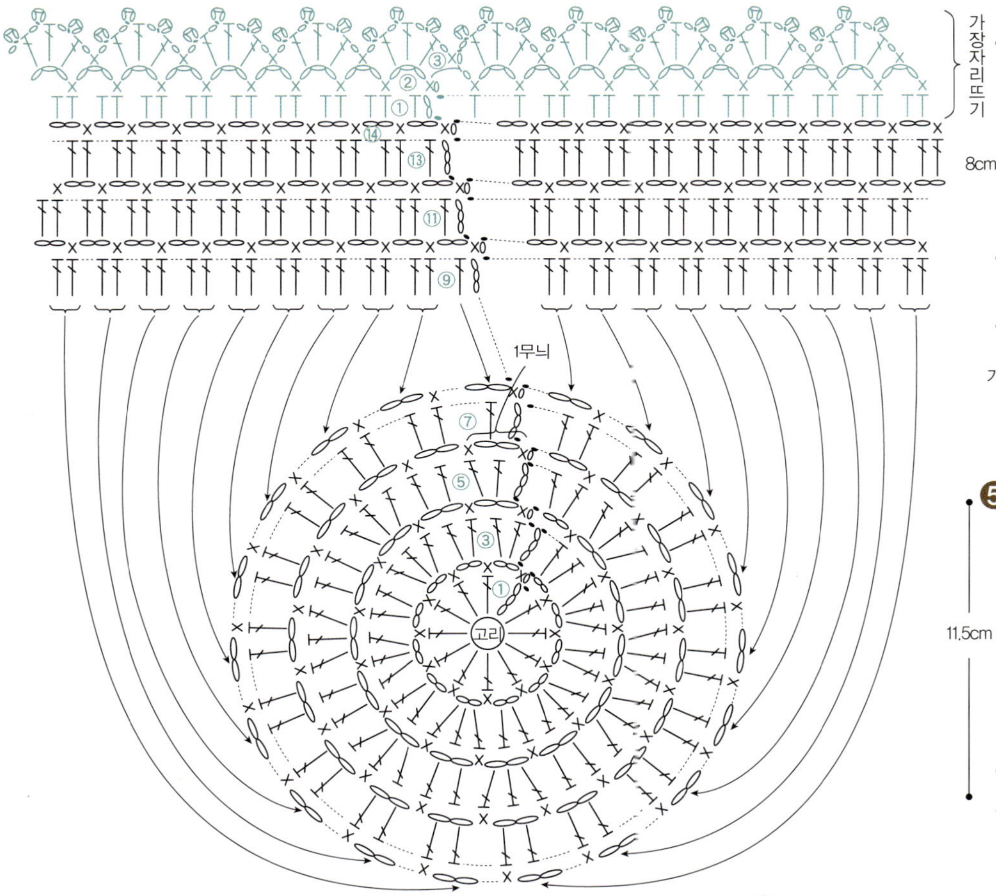

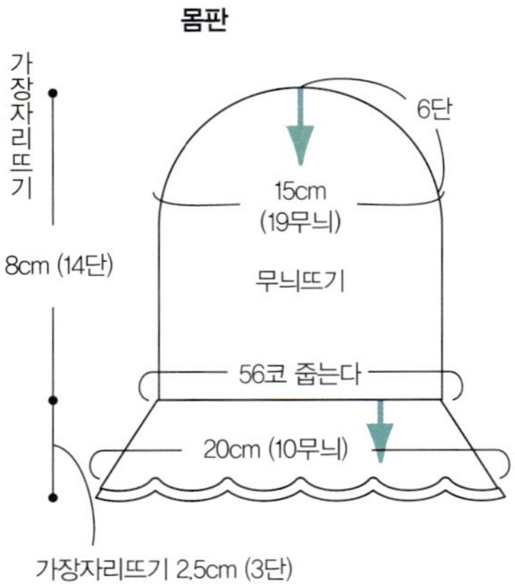

2 마무리하기

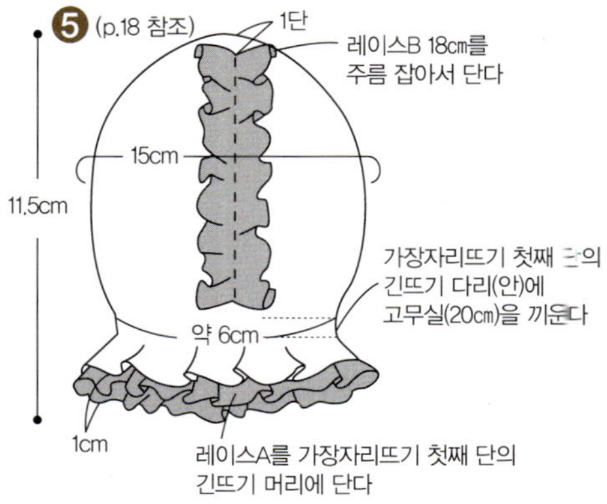

모티브

꽃 2장

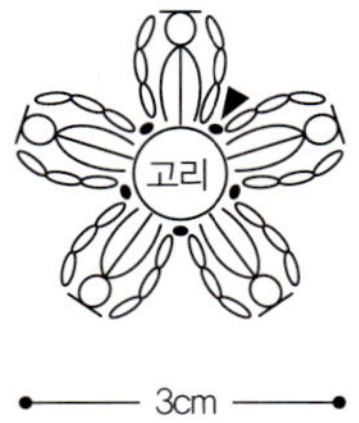

잎 2장

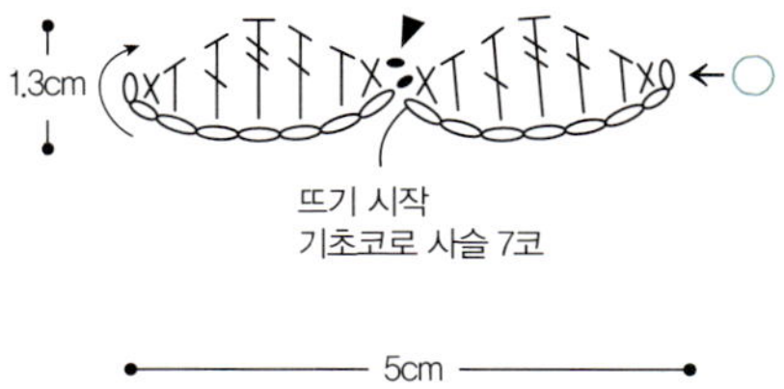

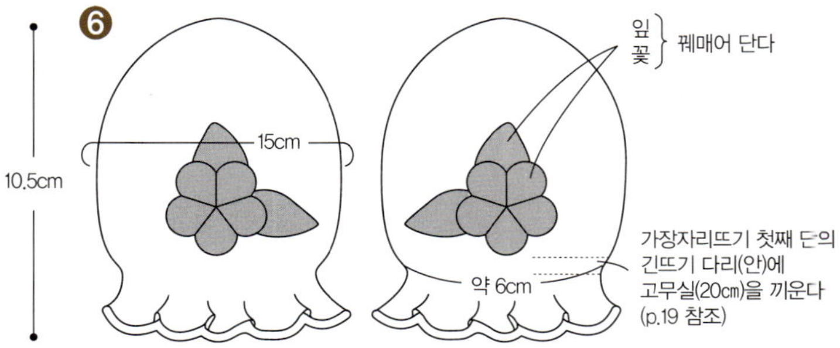

젖병 싸개
photo p.27, 38

✗ 재료
- ⑦ … 가와이아카찬 2(아이보리) 26g, 토숀 레이스 흰색 23cm(A), 123cm(B), 지름 0.8cm 펄 비즈 2개
- ⑪ … 가와이아카찬 6(파랑) 34g, 지름 1cm 단추(검정) 2개

✗ 코바늘 5/0호 바늘

✗ 완성 치수 그림 참조

✗ 뜨는 법
* 몸판 뜨기, 끈 뜨기는 7/11 공통

1 몸판 뜨기
실로 원형코를 만들어서 사슬 3코로 기둥코를 세우고 한길긴뜨기를 11코 한다. 둘째 단부터 스물둘째 단까지는 짧은뜨기와 한길긴뜨기의 줄기뜨기로 된 무늬뜨기로 뜬다.

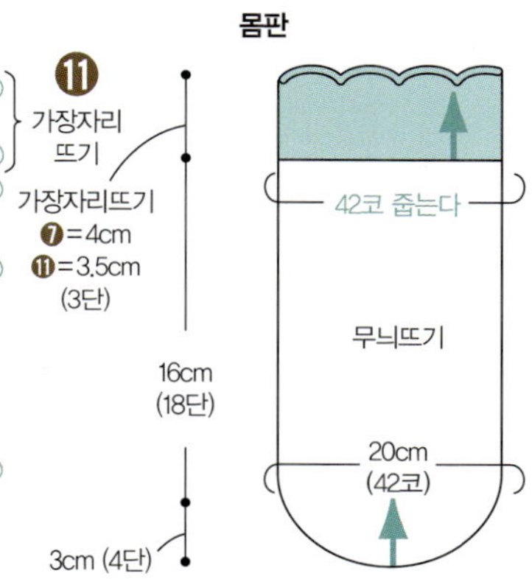

2 끈 뜨기 스레드 끈을 2줄씩 뜬다(p.17 참조).

3 마무리하기
- ⑦ … 가장자리뜨기를 3단 하고, 첫째 단에 끈 2줄을 서로 엇갈리게 끼워서 끈 끝을 꿰매고 펄 비즈를 단다. 토숀 레이스를 달아 준다(레이스 다는 법은 p.18 참조).
- ⑪ … 코를 1장, 귀를 2장 뜬다. 가장자리뜨기를 3단 하고, 첫째 단에 끈을 끼워서 끈 끝을 한 번 묶는다. 코와 귀를 몸판에 달고, 단추로 눈을 달아 준다.

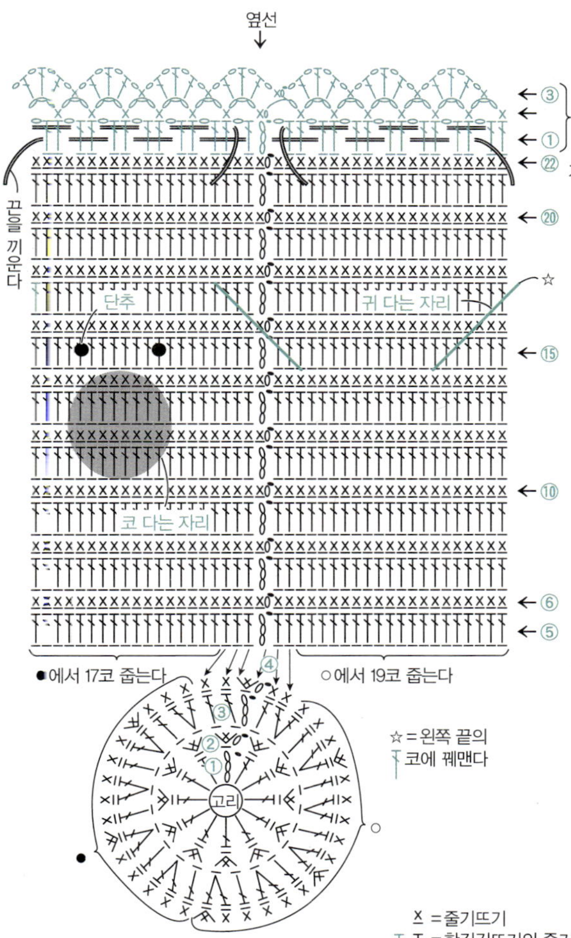

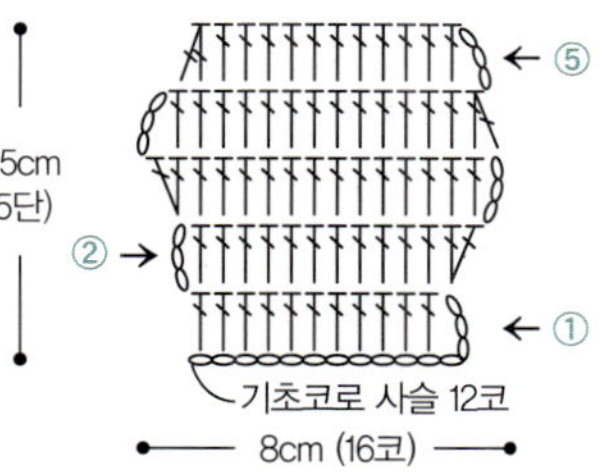

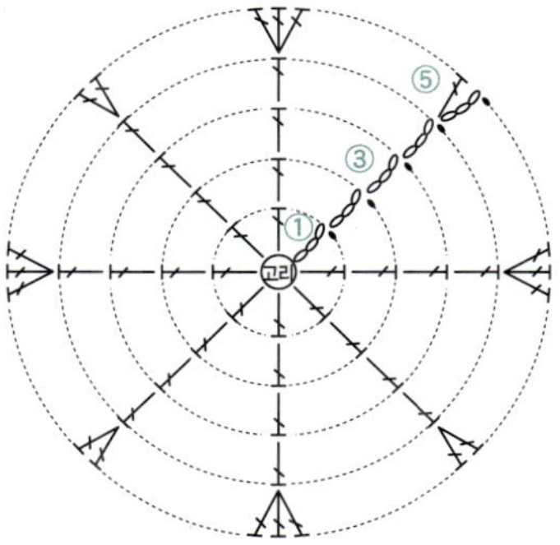

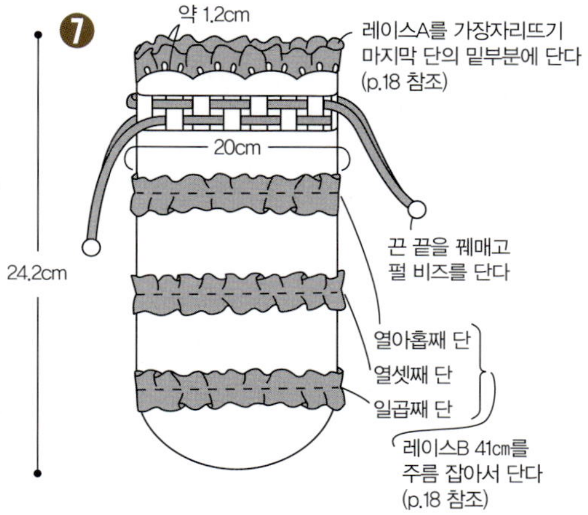

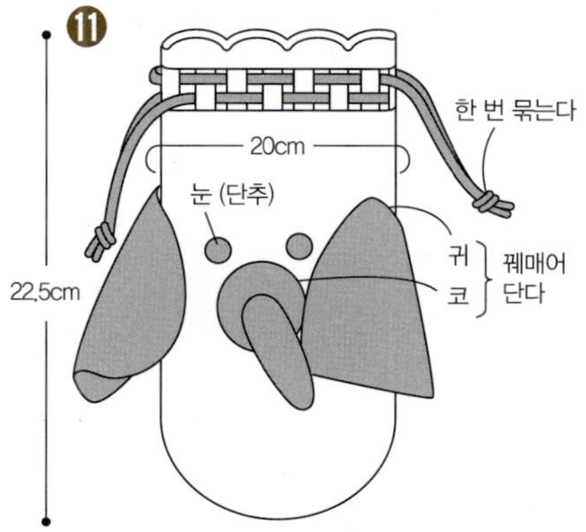

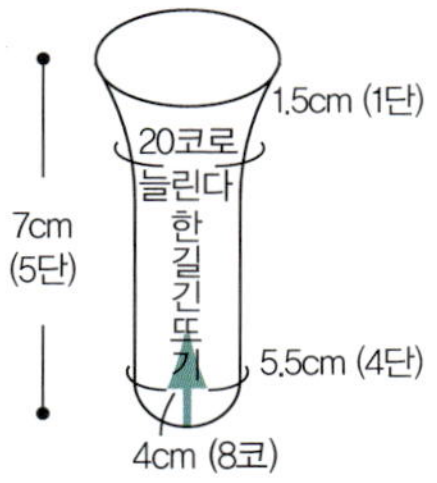

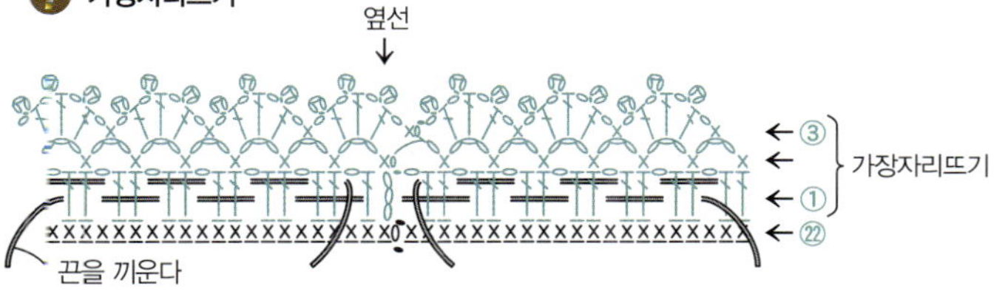

기념일 드레스

테두리에 달아준 섬세한 레이스가 무척이나 고급스러운 드레스예요.
기념일에 입혀주면 정말 예쁘겠지요?
보닛, 아기 신발, 손싸개와 세트로 만들어 선물하면 very good!

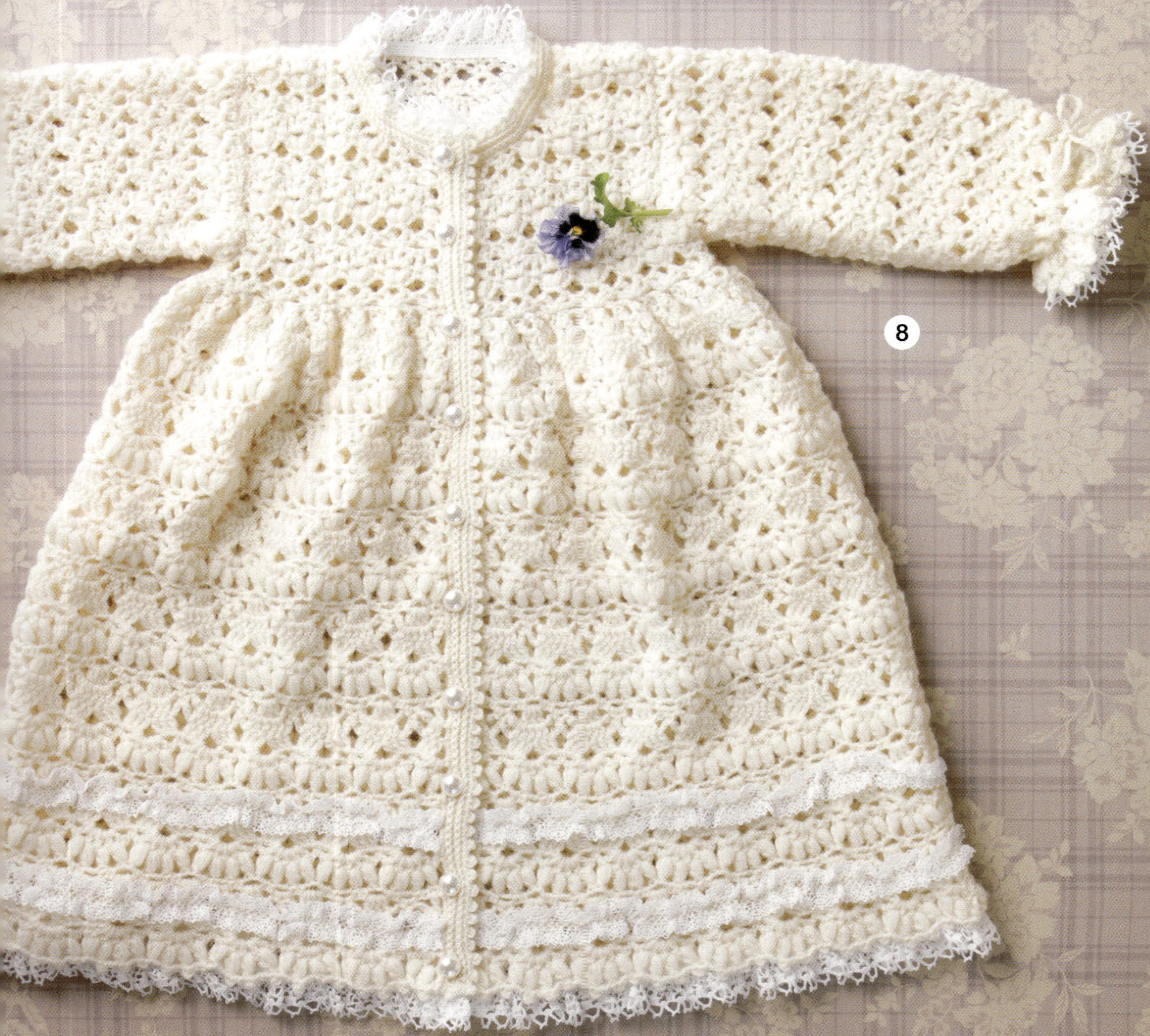

how to knit ... p.34-35   point lesson ... p.19

베이비 드레스

사랑스러운 핑크빛 베이비 드레스예요.
원피스 중간에 끈을 달아 센스있는 디테일을 연출했어요.
보닛, 아기 신발, 손싸개와 함께 스타일링하면 더욱 사랑스러워요!

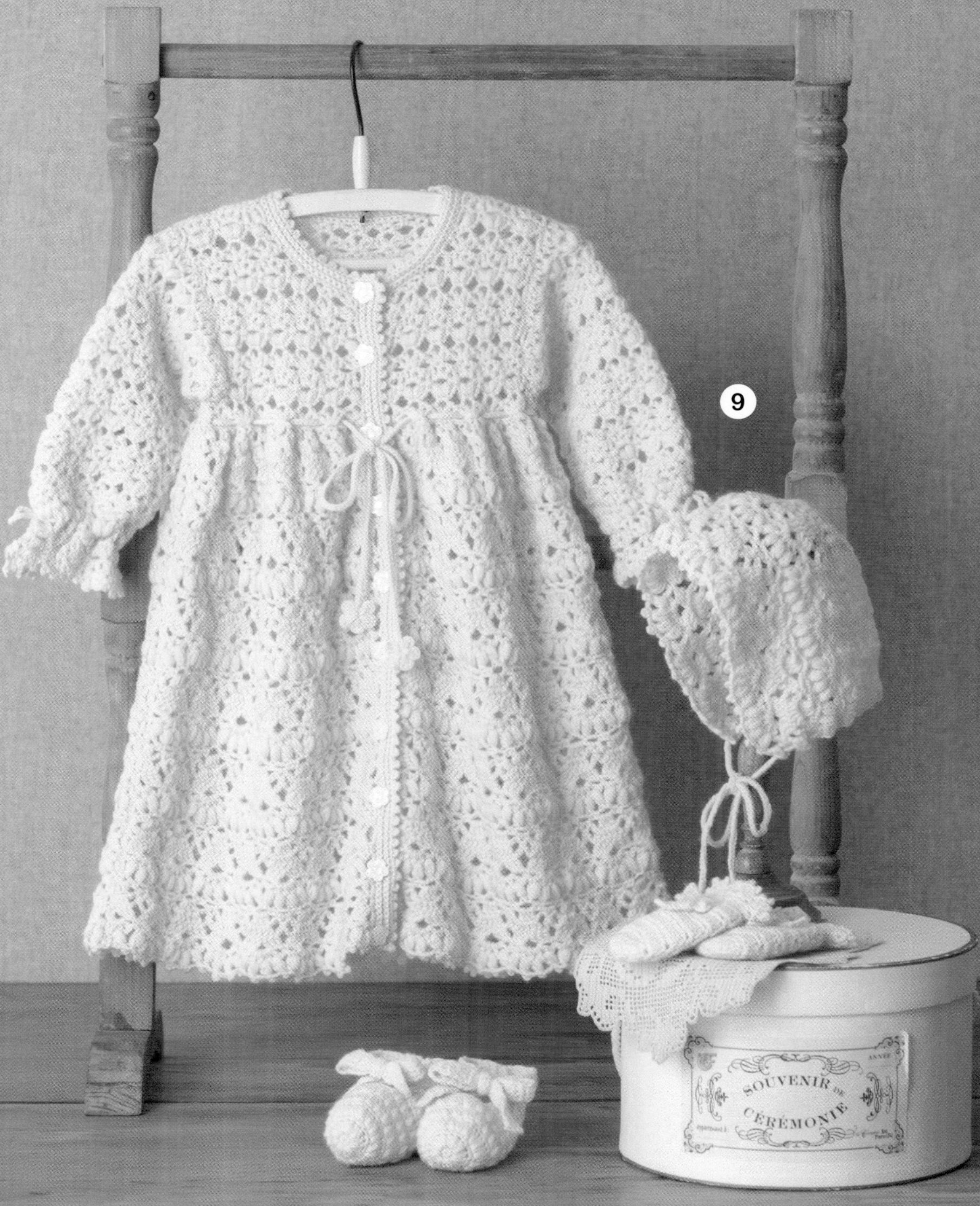

9

8/9 기념일 드레스/베이비 드레스

photo p.32-33
point lesson p.19

✖ 재료
- ❽ … 큐피드 6(아이보리) 270g, 토숀 레이스 흰색 210cm(A), 340cm(B), 지름 1.2cm 펄 단추 10개
- ❾ … 큐피드 3(분홍) 280g, 지름 1.5cm 꽃 모양 단추 10개

✖ 코바늘 3/0호 바늘

✖ 게이지(가로 세로 각 10cm)
무늬뜨기A 28.5코(약 2.8무늬) 12단, 무늬뜨기B 30코(5무늬) 12단

✖ 완성 치수
- ❽ … 가슴둘레 54cm, 어깨너비 21cm, 기장 51.5cm, 소매길이 23.5cm
- ❾ … 가슴둘레 54cm, 어깨너비 21cm, 기장 49.5cm, 소매길이 22cm

✖ 뜨는 법
1. 몸판 뜨기, 소매 뜨기
   앞뒤 몸판은 절개선에서 기초코를 잡은 후 치마를 무늬뜨기A로 뜨고, 기초코에서 코를 주워서 바대를 무늬뜨기B로 뜬다(실 걸치는 법은 p.19 참조).
2. 끈 뜨기
   - ❽ … 끈A를 2줄 뜬다.
   - ❾ … 끈A를 2줄, 끈B를 2줄, 꽃 모티브를 2장 뜬다.
3. 사슬뜨기로 어깨 잇기(p.19 참조)
4. 소매와 몸판을 사슬뜨기로 잇고, 소매 솔기도 사슬뜨기로 잇기(p.20 참조)
5. 사슬뜨기로 옆선 잇기
6. 앞 중심선에서 목둘레로 연결하여 가장자리뜨기A 하기
7. 소맷부리에 가장자리뜨기B 하기
8. 마무리하기
   - ❽ … 소맷부리에 끈A를 끼우고 토숀 레이스를 단다(레이스 다는 법은 p.18 참조). 단추를 달아 마무리한다.
   - ❾ … 끈A와 끈B를 끼우고 끈B의 끝에 모티브를 달아 준다.

1 소매 뜨기 (2장)   7 소맷부리에 가장자리뜨기B 하기

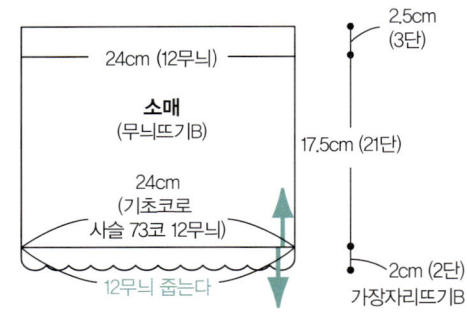

	끈A 2줄	사슬뜨기 38cm 90코
❽	끈A 2줄	사슬뜨기 38cm 90코
❾	끈B 2줄	스레드 끈 40cm 120코

8 마무리하기

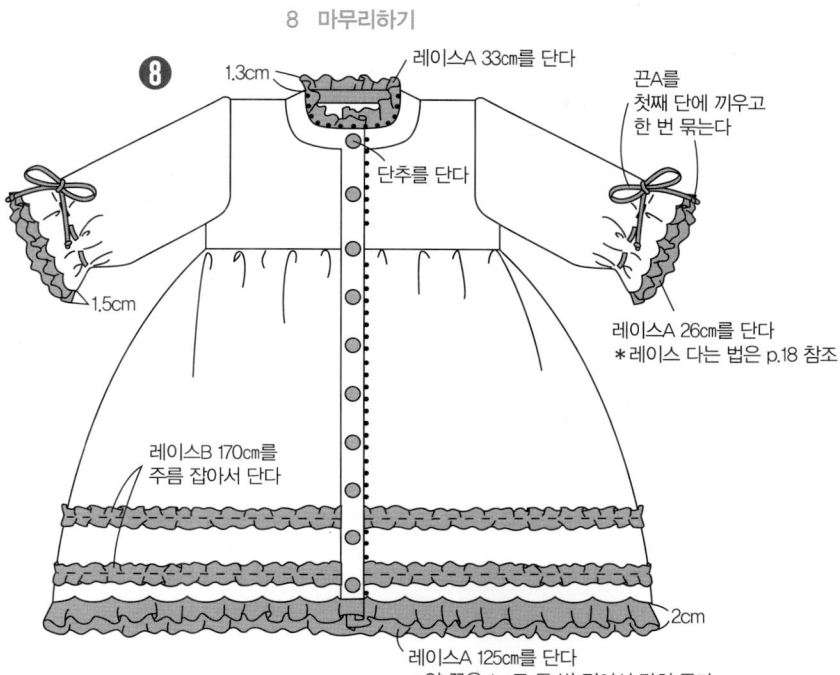

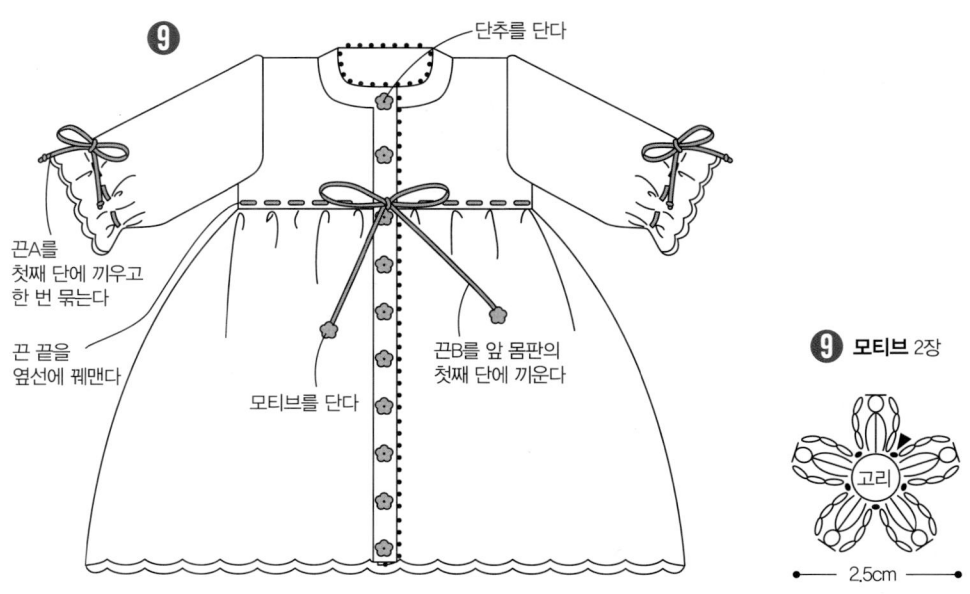

1 뒤 몸판 뜨기
6 앞 중심선에서 목둘레로 연결하여 가장자리뜨기A 하기

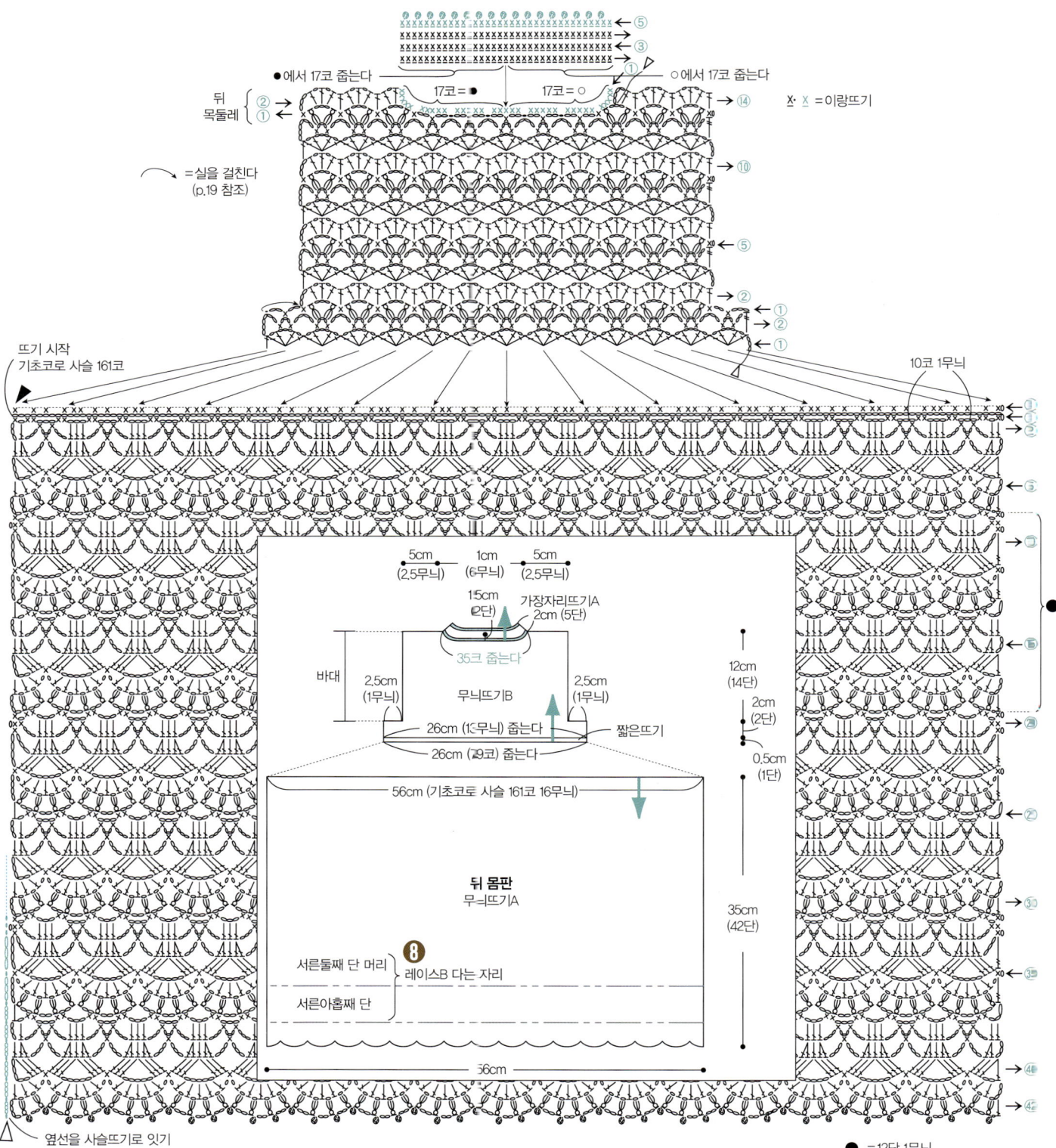

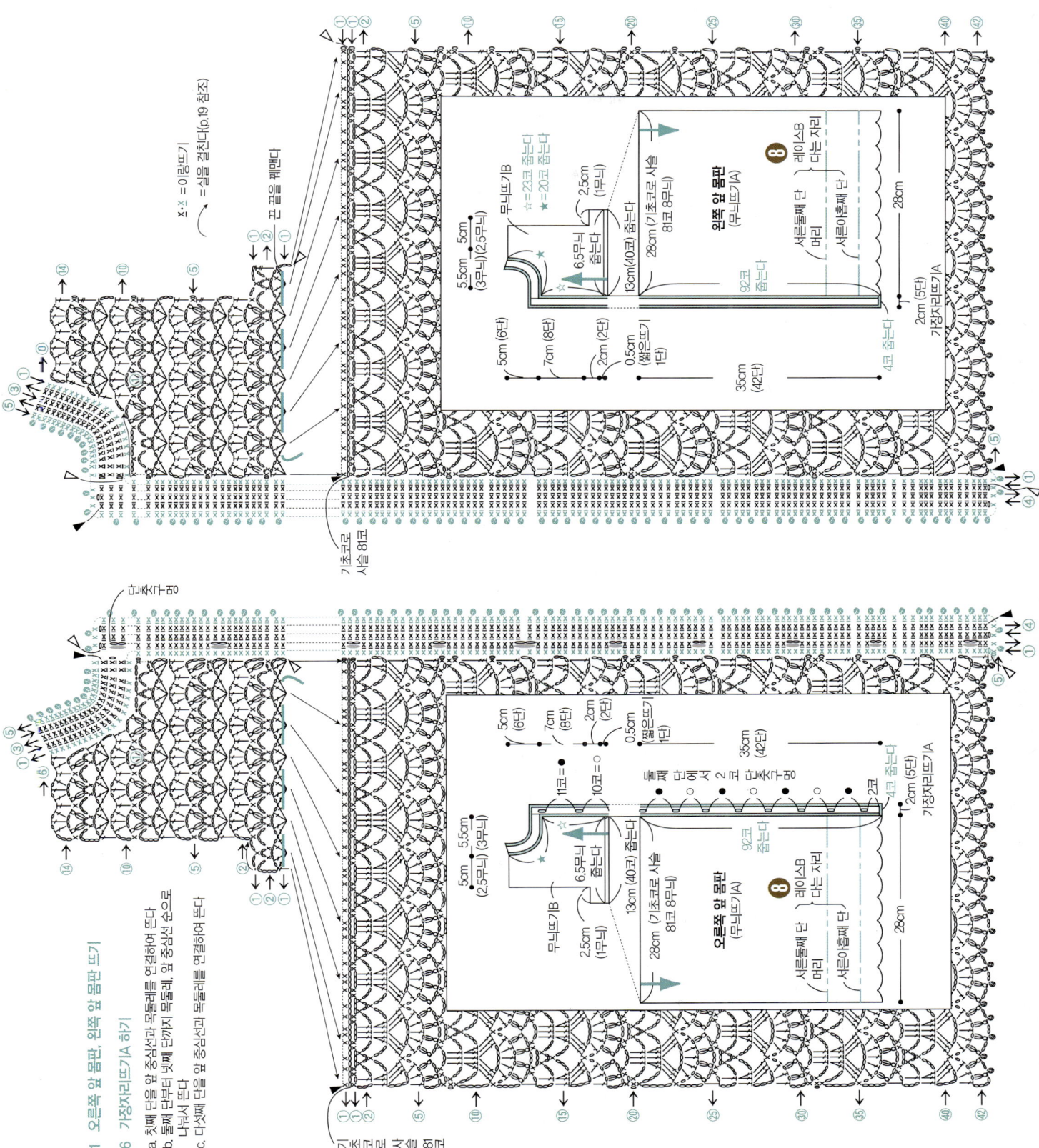

0~12개월

아기 조끼 / 젖병 싸개

남자아이에게 만들어 주고 싶은 산뜻한 색상의 줄무늬 아기 조끼예요.
기운찬 코끼리 젖병 싸개도 세트로 만들어 보세요.

10

11

how to knit ... p.40, p.31

아기 조끼

0~12개월

앞으로 여미는 아기 조끼는 입히고 벗기기 쉬워서 엄마에게도 편한 옷이죠.
테두리에 피코를 떠서 귀여움을 한층 더했어요.

12

10/12 아기 조끼
photo p.38-39

✗ **재료**
- ⑩ ··· 가와이아카찬 6(파랑) 61g, 1(흰색) 40g, 지름 1.8cm 단추 3개
- ⑫ ··· 가와이아카찬 5(분홍) 98g

✗ **코바늘** 5/0호 바늘

✗ **게이지(가로 세로 각 10cm)**
무늬뜨기 20.5코(약 5무늬) 11단

✗ **완성 치수**
가슴둘레 60cm, 거깨너비 23cm, 기장 30cm

✗ **뜨는 법**

1 몸판 뜨기
기초코로 사슬 49코를 잡아서 앞뒤 몸판을 겨드랑이까지 한번에 무늬뜨기로 12단 뜬다. 겨드랑이부터는 코를 줄여가며 진동둘레를 뜬다. 진동둘레부터는 좌우 앞 몸판, 두 몸판을 따로따로 뜬다(배색실 바꾸는 법은 p.22의 배색 줄무늬 뜨는 법 1 참조). 기초코에서 코를 주워서 아랫단에 가장자리뜨기A를 한다.

2 어깨를 감침질로 잇기(p.22 참조)

3 가장자리뜨기 하기
앞 중심선에서 목둘레로 연결하여 가장자리뜨기B를 하고, 진동둘레에는 원통뜨기로 가장자리뜨기B를 한다.

4 여밈끈 뜨기
- ⑩ ··· 스레드 끈을 2줄 뜬다.
- ⑫ ··· 장식 2장과 스레드 끈 4줄을 떠서 2줄에는 장식을 단다.

5 마무리하기
- ⑩ ··· 여밈끈을 정해진 자리에 달고 단추를 단다.
- ⑫ ··· 여밈끈을 정해진 자리에 단다.

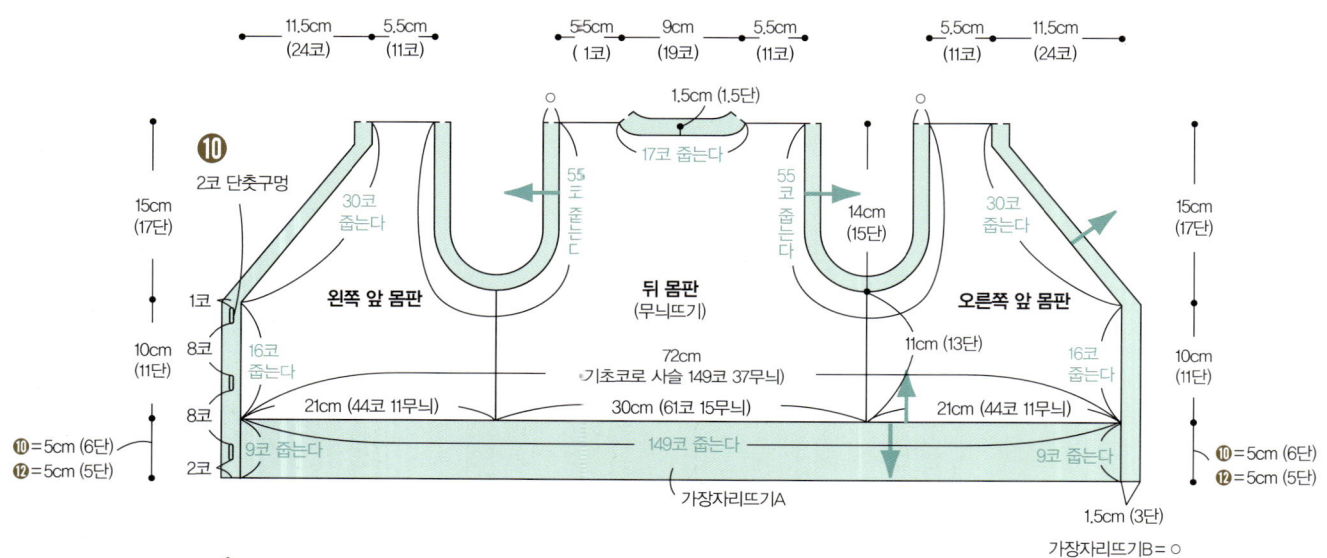

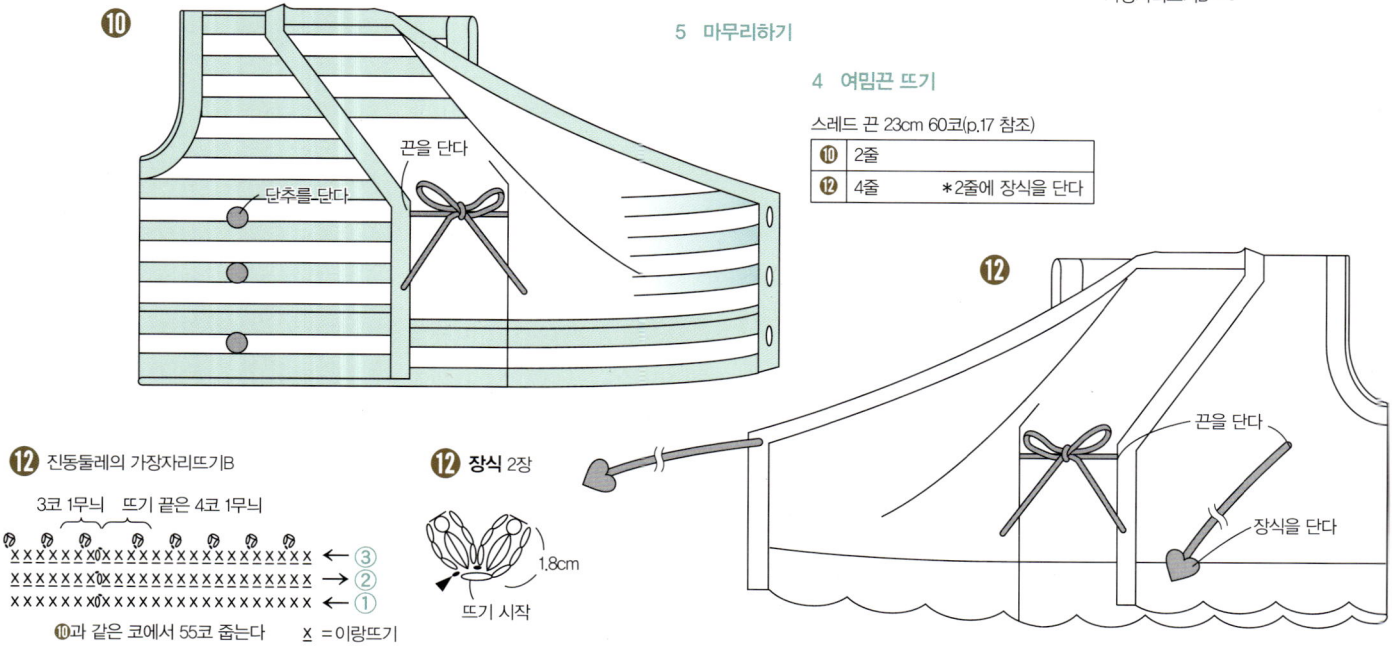

4 여밈끈 뜨기

스레드 끈 23cm 60코(p.17 참조)

⑩	2줄	
⑫	4줄	*2줄에 장식을 단다

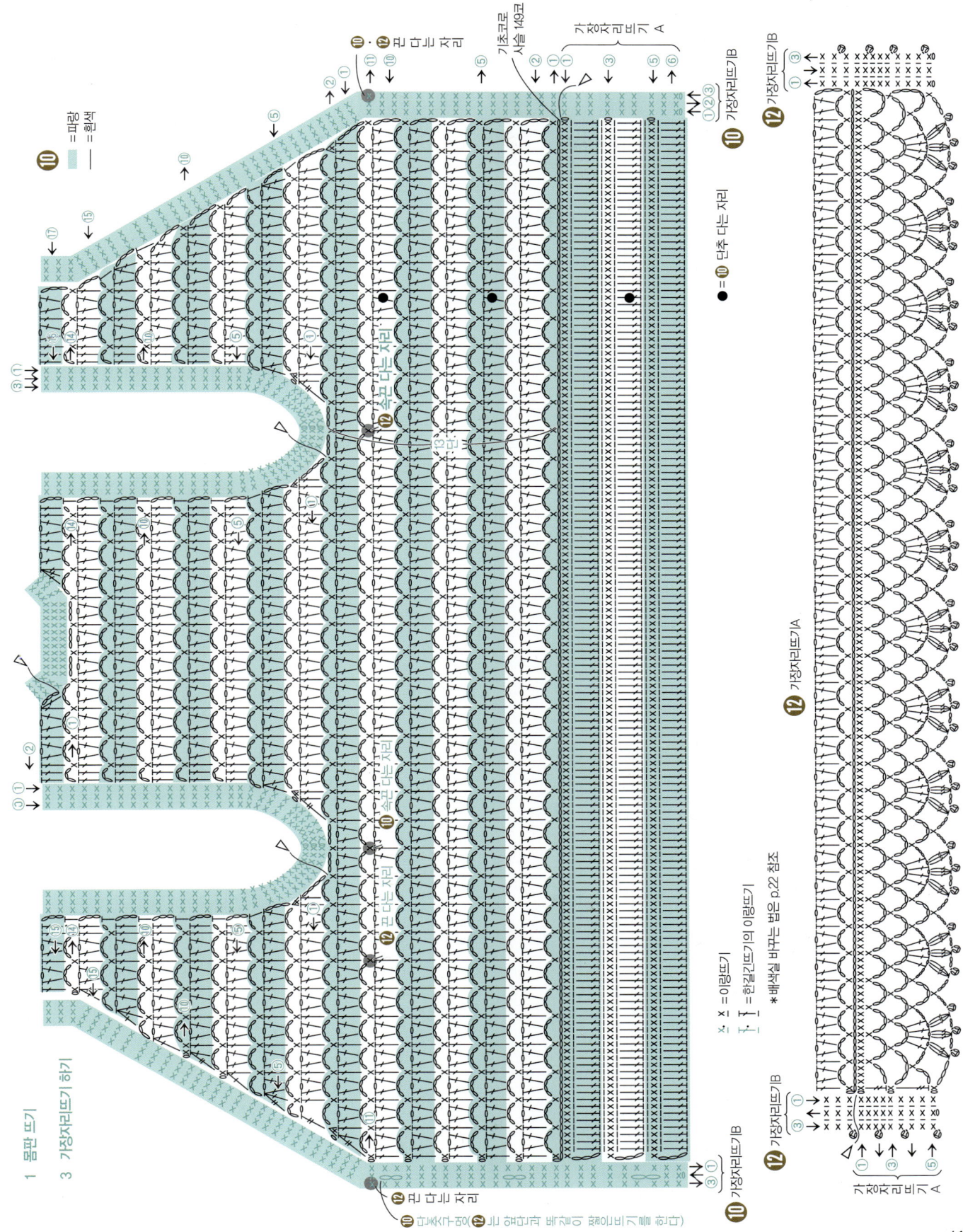

 0~12개월

튜닉 조끼

아랫단에 모티브가 화려하게 이어진 튜닉 조끼예요.
같은 디자인이라도 실의 굵기를 달리하면 좀 더 큰 치수의 옷으로 만들 수 있어요.

13

how to knit ... p.44-45 point lesson ... p.21

14

튜닉 조끼

photo p.42-43
point lesson p.21

✖ **재료**
- ⑬ ··· 가와이아카찬 23(분홍) 15g, 지름 1.5cm 단추 5개
- ⑭ ··· 야사이바타케 트위드 202(호박색) 184g, 지름 1.8cm 단추 5개

✖ **코바늘** 5/0호 바늘

✖ **게이지**(가로 세로 각 10cm)
- ⑬ ··· 무늬뜨기A 3무늬 14단, 무늬뜨기B 18코 10단
- ⑭ ··· 무늬뜨기A 약 2.7무늬 11.5단, 무늬뜨기B 16코 9단

✖ **완성 치수**
- ⑬ ··· 가슴둘레 58.5cm, 어깨너비 24cm, 기장 35.5cm
- ⑭ ··· 가슴둘레 64.5cm, 어깨너비 27cm, 기장 40cm

✖ **뜨는 법**

1. **치마 뜨기**
모티브A 41장, 모티브B 2장을 뜨면서 잇고(p.21 참조), 31.5 무늬에서 코를 주워서 무늬뜨기A로 14단 뜬다.

2. **앞뒤 바대 뜨기**
짧은뜨기로 100코를 줍고, 앞뒤 바대를 각각 무늬뜨기B로 뜬다.

3. 어깨를 감침질로 잇고, 바대 옆선을 사슬뜨기로 잇기(p.33 참조)

4. **가장자리뜨기 하기**
앞 중심선에 가장자리뜨기A를 한 다음에 앞 중심선에서 목둘레로 연결하여 가장자리뜨기B를 한다. 진동둘레에 가장자리뜨기B, 아랫단에 가장자리뜨기C를 한다.

5. 단추 달아 마무리하기

*뜨개도안은 p.44-45의 뒤 중심선을 겹쳐서 볼 것

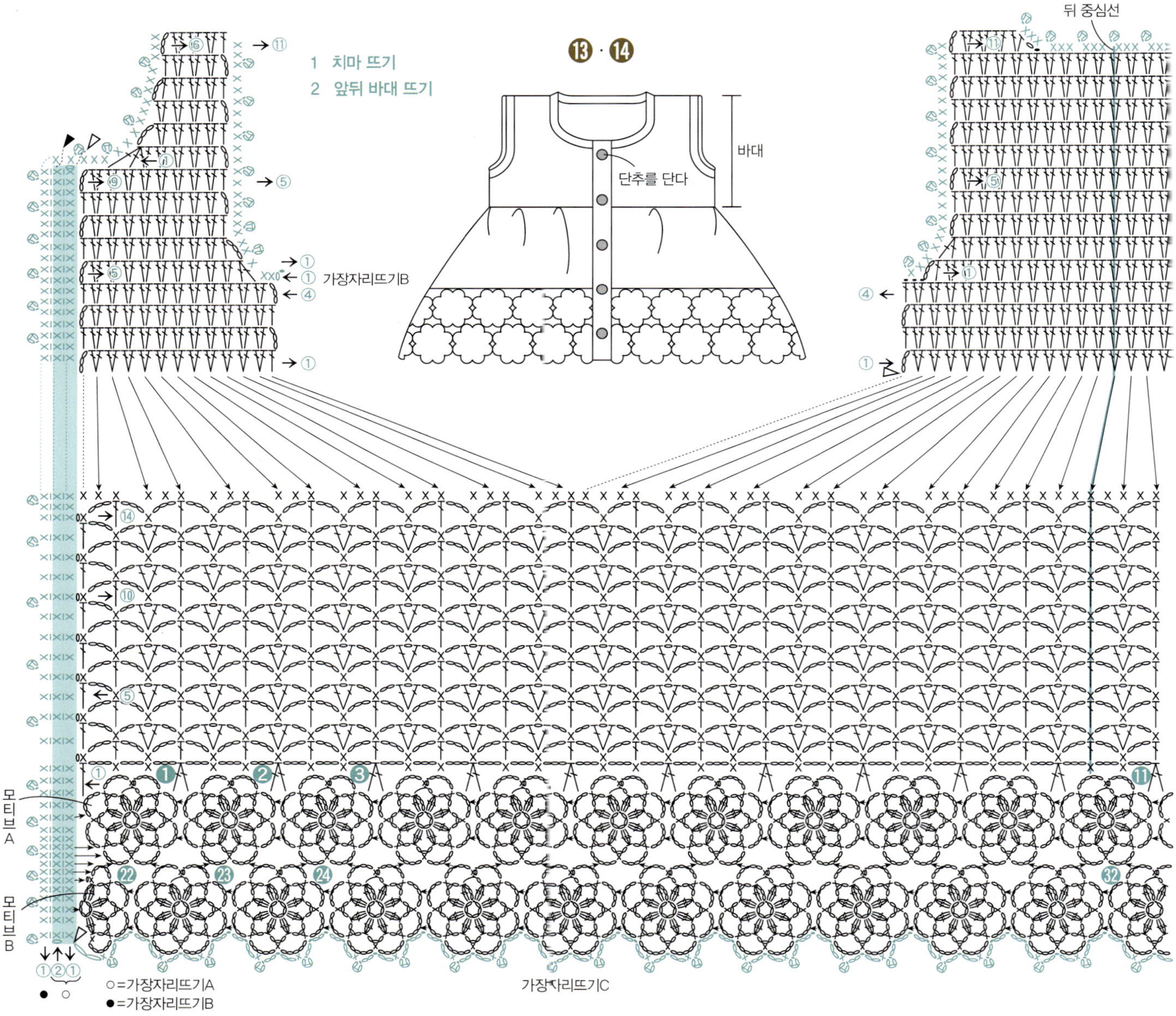

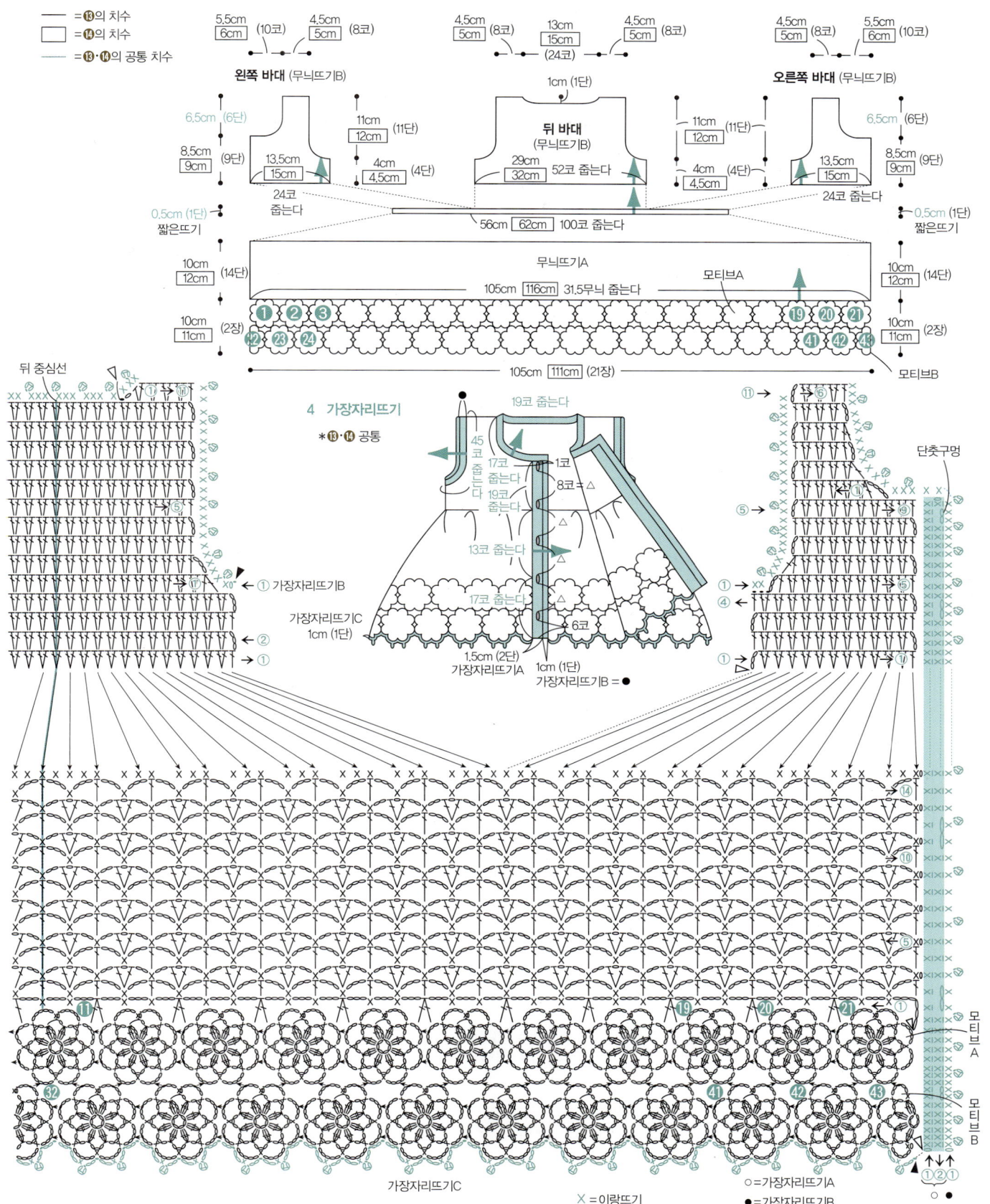

외출은 즐거워

처음 보는 것이 많아 아기들의 눈은 호기심으로 반짝반짝 빛나요.
어느 것에나 흥미를 보이는 아기를 보고 있으면 어디에든 데려 가고 싶어지죠.
옷마다 다른 소품과 다양하게 조합하여 예쁘게 꾸미고,
세상에서 가장 예쁜 아기와 함께 놀러 나가요!

케이프

12~24개월

차가운 바람이 불어오는 시기, 귀여운 케이프로 아기 어깨를 포근하게 감싸주세요.
탈부착할 수 있는 후드가 있어 더 좋아요!

⑮

how to knit ... p.50-52

15/16 케이프
photo p.48-49

✗ **재료**
- ⑮ … 야사이바타케 트위드 207(우엉색) 148g, 퍼리시 3(갈색 계열) 14g, 지름 1.8cm 단추 1개
- ⑯ … 가와이아카찬 2(오프화이트) 88g, 지름 1.3cm 펄 단추 1개

✗ **코바늘**
- ⑮ … 야사이바타케 트위드 6/0호 바늘, 퍼리시 10/0호 바늘
- ⑯ … 5/0호 바늘

✗ **게이지(가로 세로 각 10cm)**
- ⑮ … 무늬뜨기A 19코(기초코 자리) 9단 1무늬 4.9cm(뜨기 끝), 무늬뜨기C 22.5코 12.5단
- ⑯ … 무늬뜨기A 20코(기초코 자리) 10단 1무늬 4.5cm(뜨기 끝)

✗ **완성 치수**
- ⑮ … 목둘레 35.5cm, 아랫단 둘레 124.5cm, 기장 26cm
- ⑯ … 목둘레 33.5cm, 아랫단 둘레 113.5cm, 기장 23cm

✗ **뜨는 법**

1 케이프 뜨기, 칼라 뜨기
케이프는 기초코로 사슬 65코를 잡아서 중간에 코를 늘리며 무늬뜨기A로 23단 뜬다. 칼라는 기초코에서 코를 주워서 무늬뜨기B로 6단 뜬다.

2 가장자리뜨기 하기
앞 중심선에 짧은뜨기를 3단 한다.

3 후드 뜨기
⑮는 후드를 무늬뜨기C로 뜨고, ○ 표시를 감침질로 잇고 나서 얼굴 둘레에 퍼리시로 짧은뜨기를 4단 한다(감침질로 잇기 방법은 p.22-23 참조). 칼라 다는 쪽은 야사이바타케 트위드로 짧은뜨기를 2단 한다.

4 마무리하기
⑮ 후드용 뜨개단추를 5개 만들어서 케이프 목둘레에 단다. 케이프에 단추를 달아 마무리한다.
⑯ 여밈끈은 장식에서 이어서 사슬 50코를 뜨고 케이프에 빼뜬 뒤에, 사슬코를 빼뜨면서 장식까지 되돌아간다. 케이프에 단추를 달아 마무리한다.

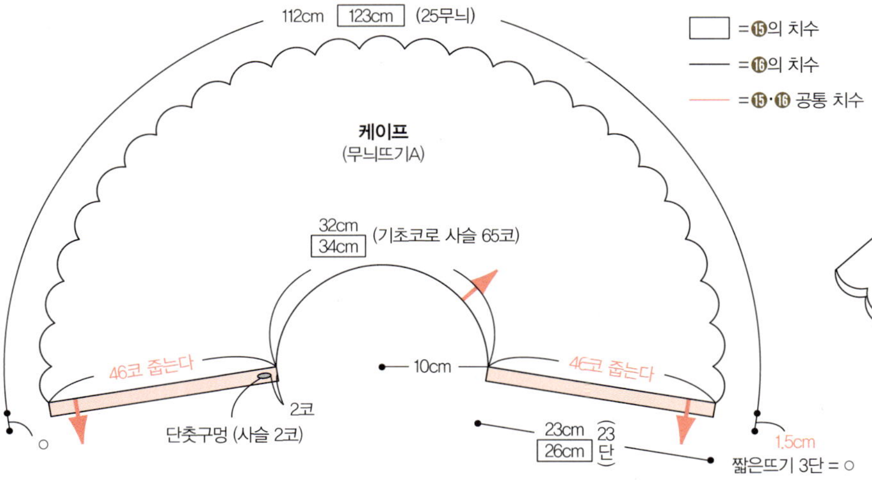

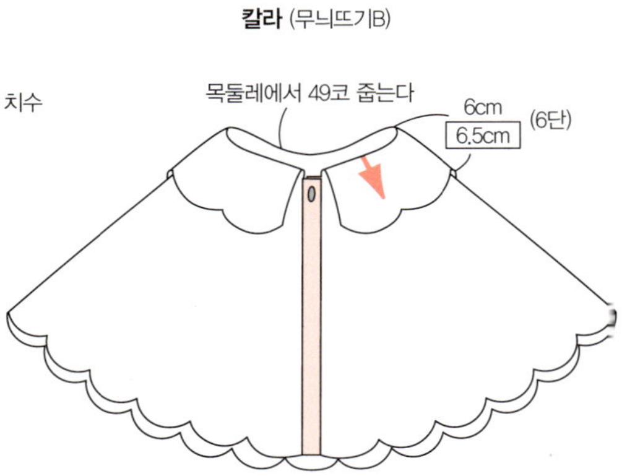

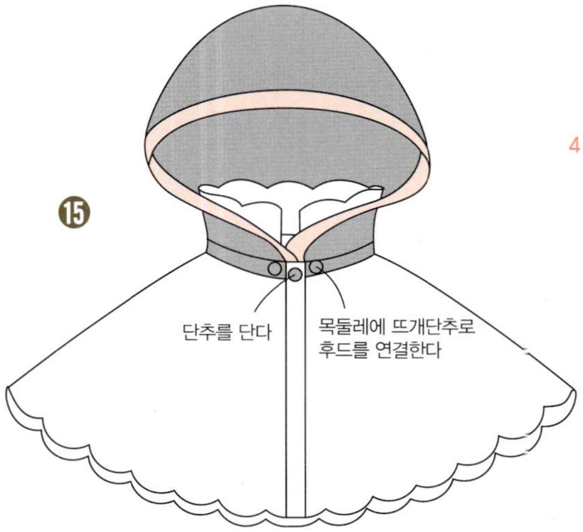

4 마무리하기

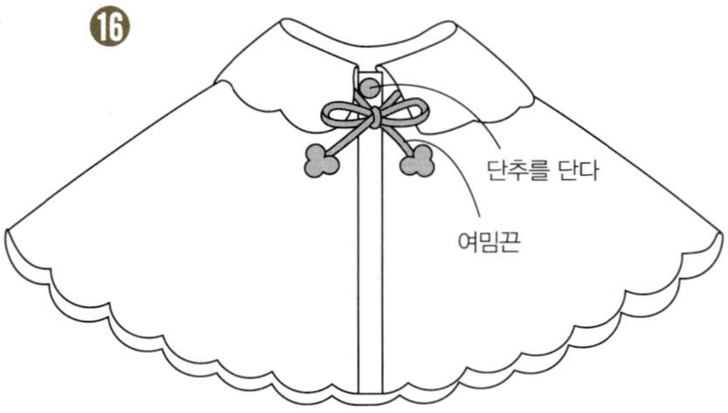

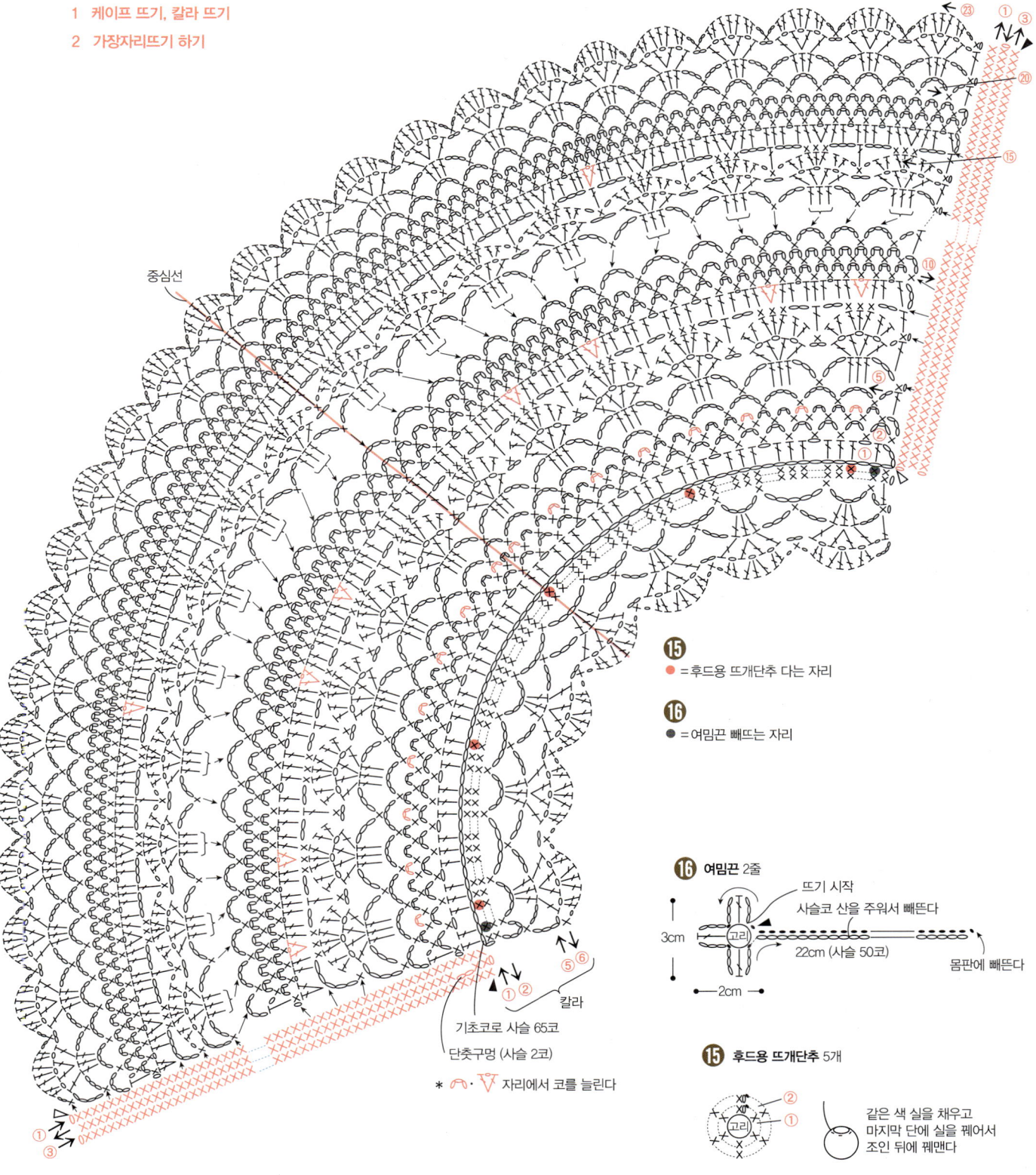

⑮ 3 후드 뜨기

단춧구멍 (사슬 2코)
1코
8코 = △
△
2.5cm (3단)
1코
1cm
(짧은뜨기 2단)
22코 줍는다
=●
6.5cm (8단)
○표시를
잇고 나서
36코 줍는다
후드
(무늬뜨기C)
15cm
(19단)
28cm
(35단)
36cm (8 코)
4cm (5단)
16cm (36코) = ○
9코
32cm (기초코로 사슬 72코)
2cm
퍼리시로 짧은뜨기 4단 = ☆
☆

퍼리시
④ ①
= 실을 걸친다(p.19 참조)
야사이바타케
트위드
단춧구멍
② ①
㉟
→ ㉜
→ ㉜
㉙
㉕
㉑
⑰
⑬
⑨
⑤
①
기초코로 사슬 72코
*○끼리 감침질로 잇는다

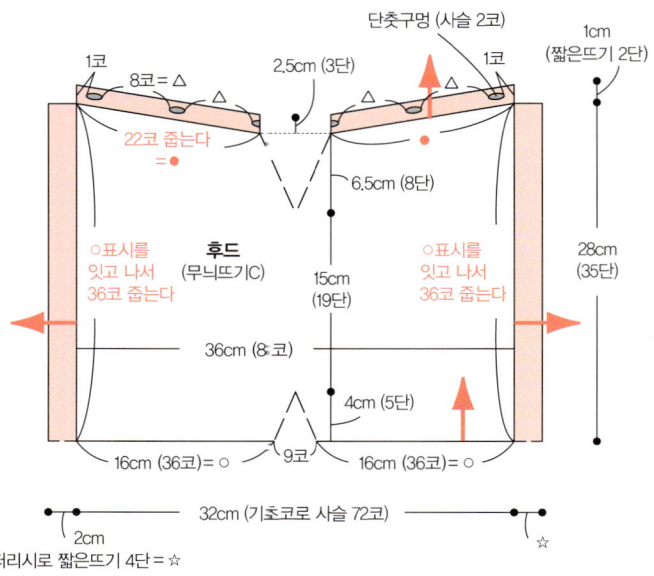

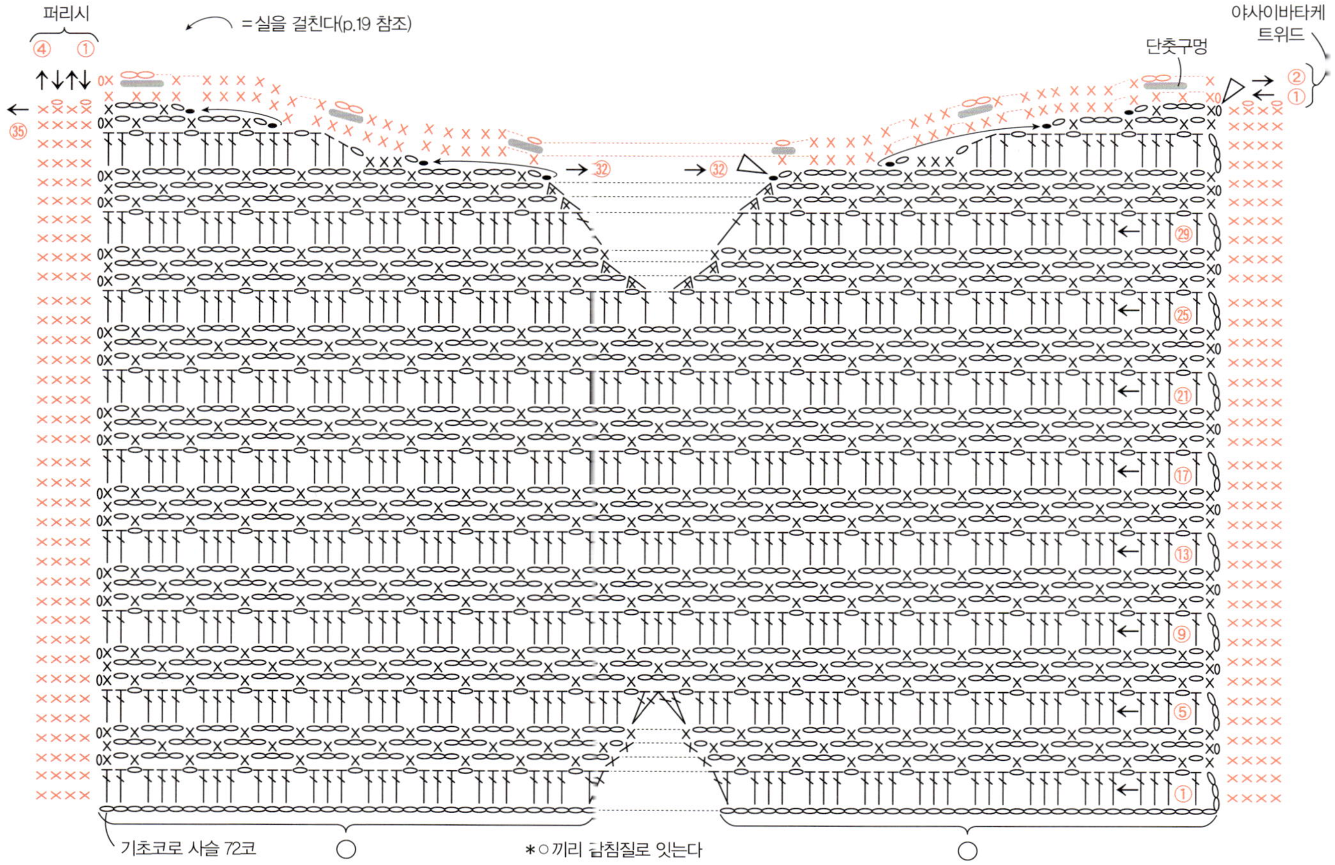

Cape

블랭킷

올록볼록한 무늬가 살에 닿는 느낌이 무척 좋은 블랭킷이에요.
신생아 때는 겉싸개로, 아기가 조금 크면 블랭킷으로 사용할 수 있는 무척 유용한 아이템이죠!

17

how to knit ... p.56 point lesson ... p.21

12~
24개월

목도리

보기만 해도 입가에 미소가 지어지는 귀여운 고양이 목도리예요.
기운 넘치는 줄무늬 고양이를 목에 두르고 바깥에 놀러 나가요!

18

how to knit...p.57   point lesson...p.22

블랭킷
photo p.54
point lesson p.21

✖ **재료**
익시드 울 FL〈합태사〉 218(흐린 연두) 210g,
201(오프화이트) 185g

✖ **코바늘** 5/0호 바늘

✖ **게이지(가로 세로 각 10cm)** 줄무늬뜨기 20.5코 7.5단

✖ **완성 치수** 85.5×85.5cm

✖ **뜨는 법**
1 **몸판 뜨기**
기초코로 사슬 167코를 잡아서 줄무늬뜨기로 배색실을 바꾸면서 뜬다(p.22 참조).
2 **가장자리뜨기 하기**
예순째 단(흐린 연두)의 뜨기 끝 실에서 이어서 가장자리에 가장자리뜨기를 한다.

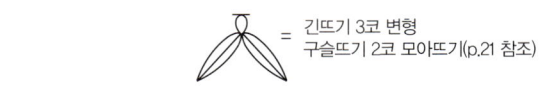

= 긴뜨기 3코 변형
구슬뜨기 2코 모아뜨기(p.21 참조)

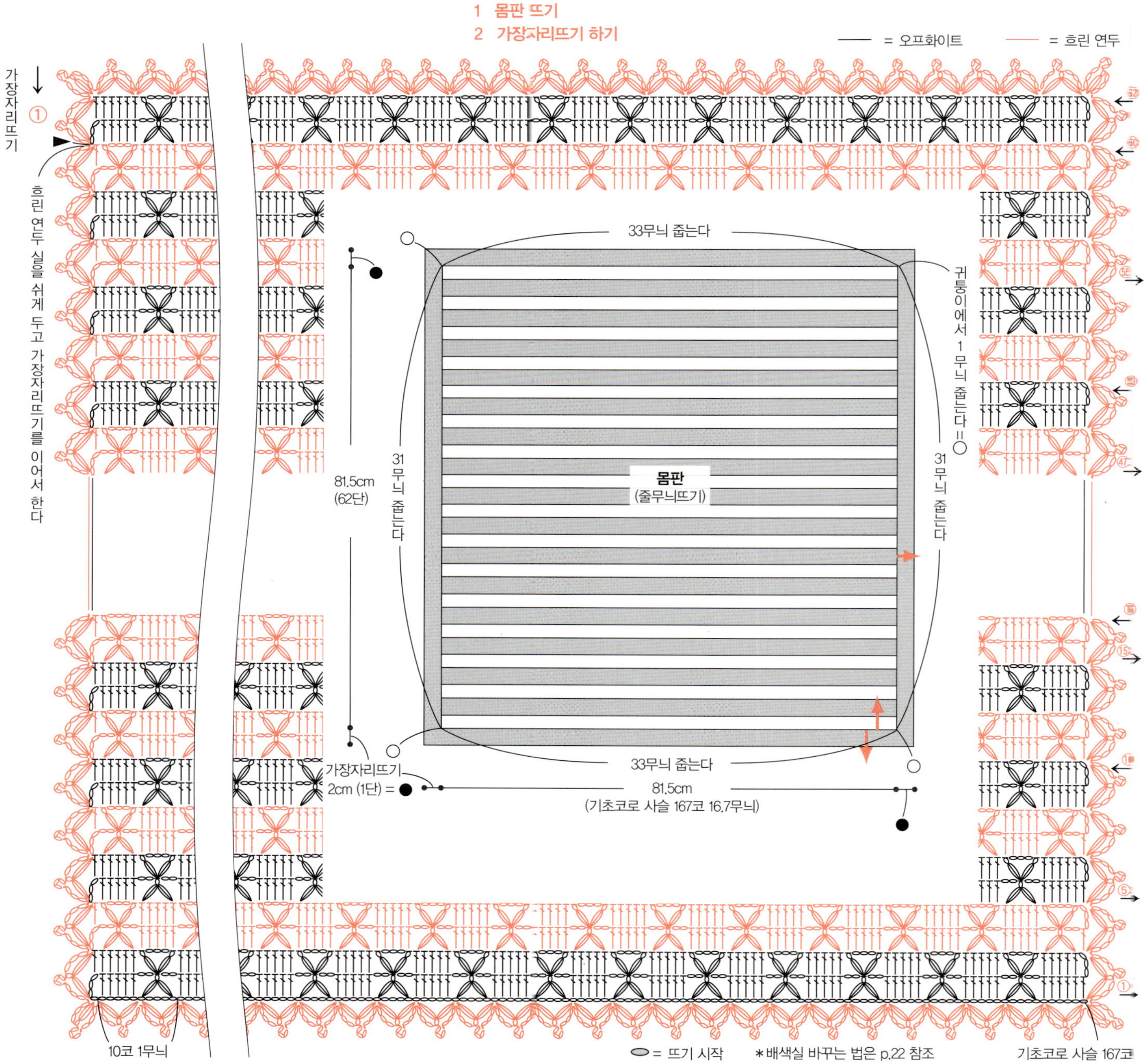

1 몸판 뜨기
2 가장자리뜨기 하기

━━ = 오프화이트   ━━ = 흐린 연두

가장자리뜨기

흐린 연두 실을 쉬게 두고 가장자리뜨기를 이어서 한다

33무늬 줍는다

81.5cm
(62단)

31무늬 줍는다

귀퉁이에서 1무늬 줍는다

31무늬 줍는다

몸판
(줄무늬뜨기)

가장자리뜨기 2cm (1단) =

33무늬 줍는다

81.5cm
(기초코로 사슬 167코 16.7무늬)

10코 1무늬

○ = 뜨기 시작   *배색실 바꾸는 법은 p.22 참조

기초코로 사슬 167코

18 목도리

photo p.55
point lesson p.22

✗ 재료
야사이바타케 M〈중세사〉 7(우엉색) 28g, 1(무색) 24g

✗ 코바늘 4/0호 바늘

✗ 완성 치수 너비 11cm, 길이 92.5cm

✗ 뜨는 법

1 몸판 뜨기
우엉색으로 기초코로 사슬 25코를 잡아서 몸통을 한길긴뜨기 줄무늬로 뜬다(p.22 참조). 뜨기 끝에서 계속하여 뒷발과 꼬리를 뜬다. 기초코에서 코를 주워서 앞발을 뜬다.

2 얼굴 뜨기
얼굴은 실로 원형코를 만들어서 한길긴뜨기로 원형뜨기를 한다.

3 마무리하기
몸통에 얼굴을 꿰매어 붙인다. 코를 떠서 얼굴에 달고, 눈, 수염, 입을 수놓는다(p.17 참조). 앞발 끝에 무색으로 감침질을 한다.

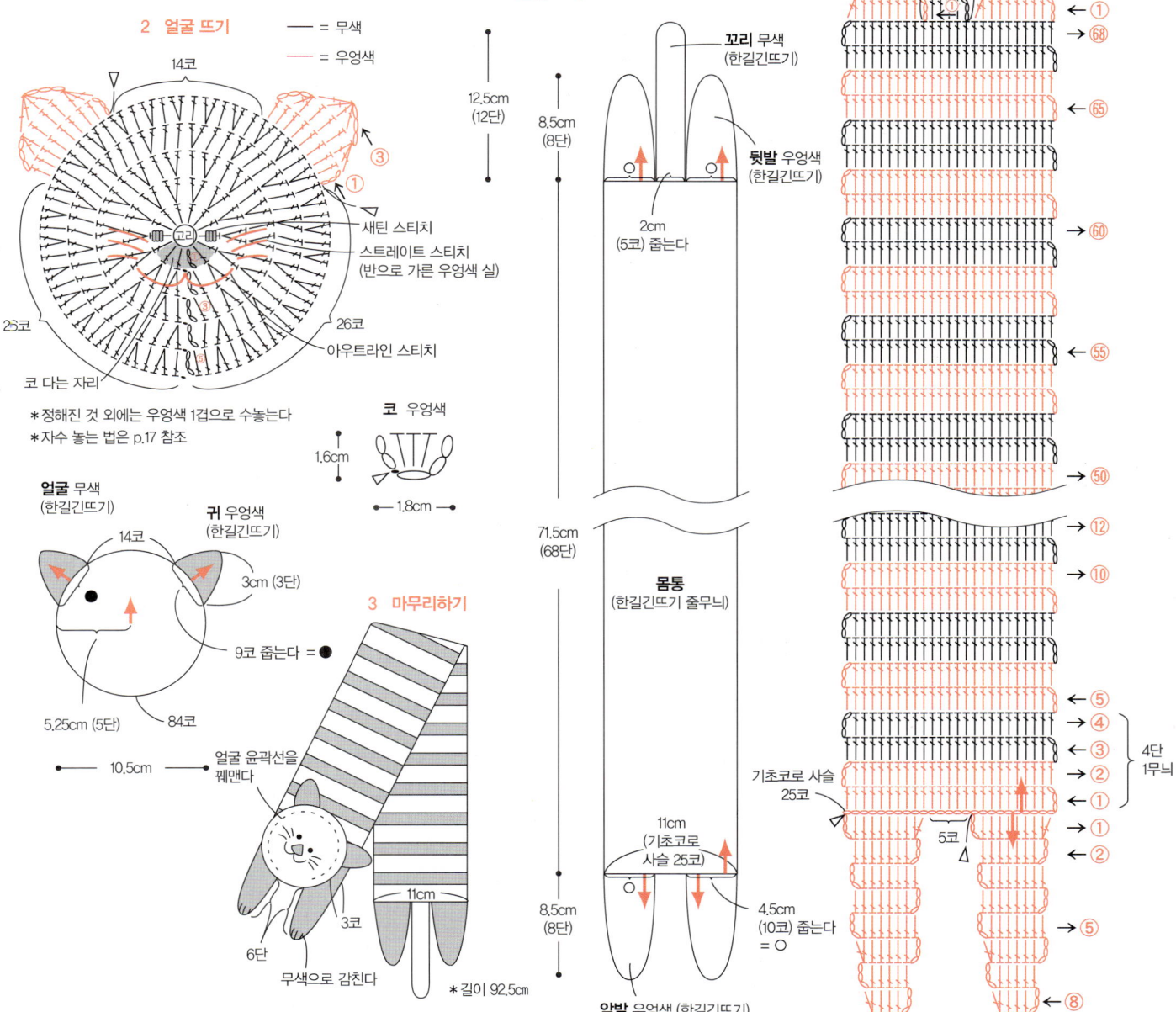

12~
24개월

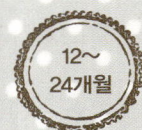

모자

기본적인 뜨는 방법은 같지만, 다양한 스타일로 뜰 수 있는 네 가지의 모자를 소개합니다.
하나를 뜨고 나면 다른 모자들도 전부 뜨고 싶어질지도 몰라요!

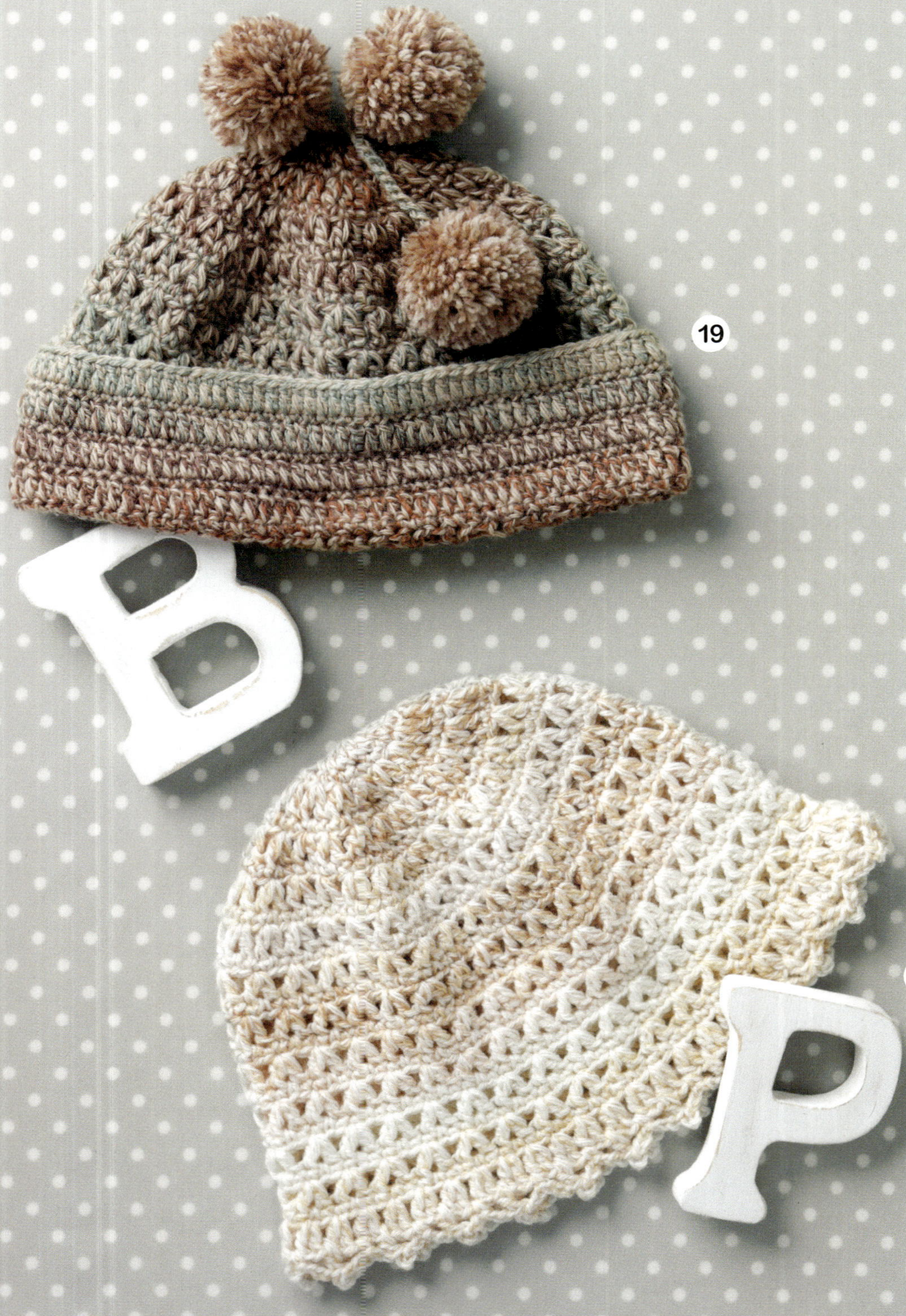

19

20

how to knit ... p.60-61

19/20 21/22 모자

photo p.58-59

× 재료

⑲ … 익시드 울 FL〈그러데이션〉 604(갈색 · 녹색 계열 믹스) 54g

⑳ … 익시드 울 FL〈그러데이션〉 601(베이지 계열 믹스) 38g

㉑ … 익시드 울 FL〈그러데이션〉 605(빨강 계열 믹스) 46g

㉒ … 익시드 울 FL〈그러데이션〉 606(검정 계열 믹스) 46g

× 코바늘 4/0호 바늘

× 완성 치수

⑲ … 머리둘레 44cm, 깊이 15cm

⑳ … 머리둘레 44cm, 깊이 17.5cm

㉑ … 머리둘레 44cm, 깊이 16.3cm

㉒ … 머리둘레 44cm, 깊이 16.5cm

× 뜨는 법

＊몸판 뜨기는 19~22 공통

1 몸판 뜨기

실로 원형코를 만들어서 무늬뜨기로 22단 뜬다.

2 가장자리뜨기 하기

스물둘째 단에서 코를 주워서 뜬다. ⑲는 밖으로 접는 스타일이므로 몸판 뜨개조직을 뒤집어서 가장자리뜨기를 한다.

3 마무리하기

⑲ … 털실방울을 3개 만들고, 방울을 묶은 실에 실을 이어서 사슬뜨기를 각각 콧수만큼 한다. 뜨기 끝은 몸판 꼭대기에 빼떠서 붙인다.

㉑ … 귀마개 모티브는 끈과 이어서 2장 뜬 다음에 몸판에 단다.

㉒ … 귀를 2장 떠서 반으로 접어 감칠질한 후 몸판에 단다.

1 몸판 뜨기

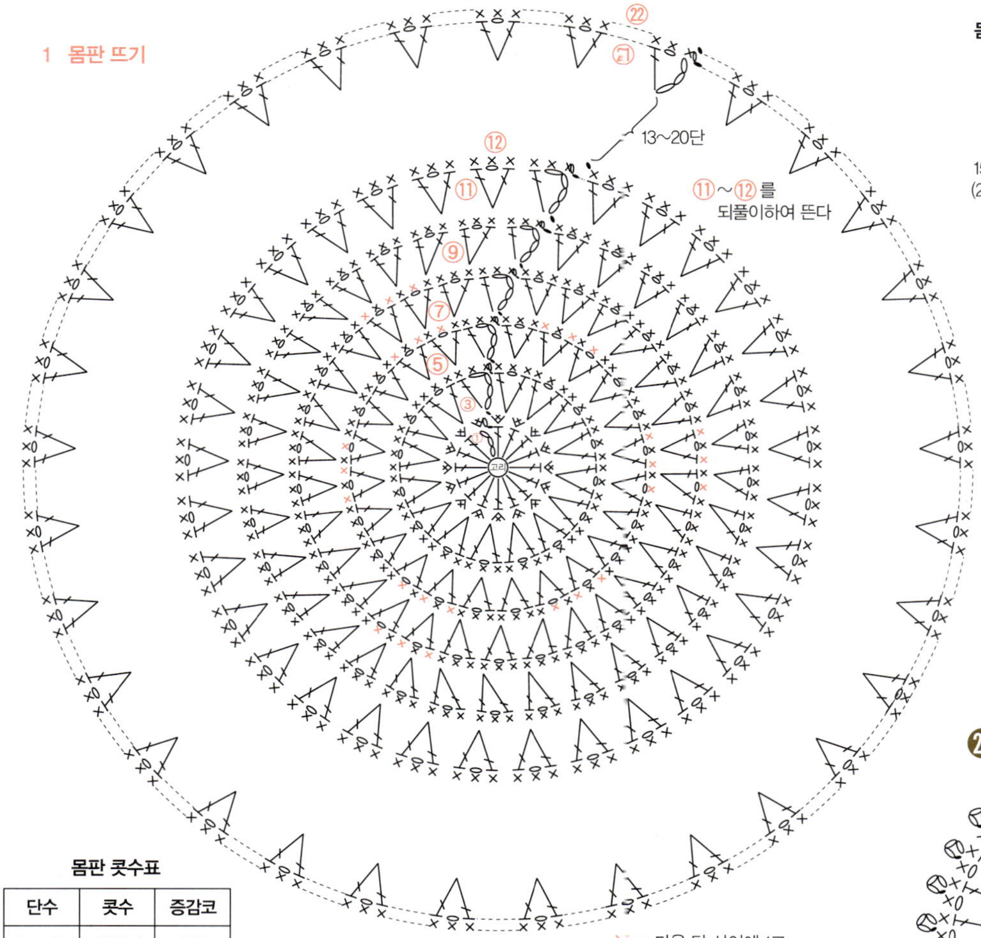

㉒
㉑
⑫
13~20단
⑪
⑪~⑫를
되풀이하여 뜬다
⑨
⑦
⑤
③
고리

= 다음 단 사이에 1코

몸판 ⑲·⑳·㉑·㉒ 공통

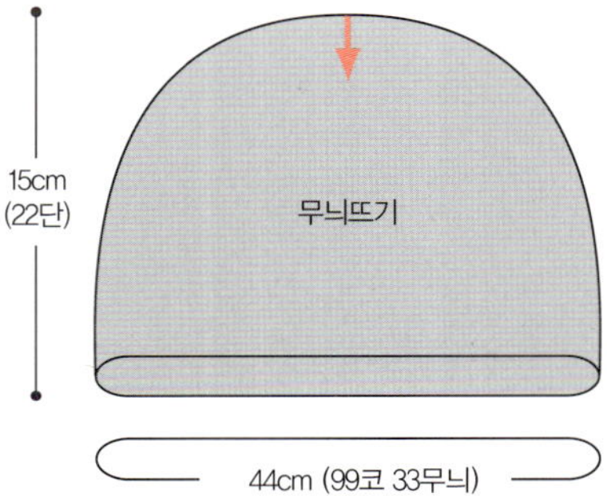

15cm
(22단)
무늬뜨기
44cm (99코 33무늬)

몸판 콧수표

단수	콧수	증감코
9 ~ 22	33무늬	+3무늬
7·8	30무늬	+6무늬
5·6	24무늬	+8무늬
3·4	16무늬	
2	32코	+16코
1	16코	

2 가장자리뜨기 하기

㉑ 가장자리뜨기

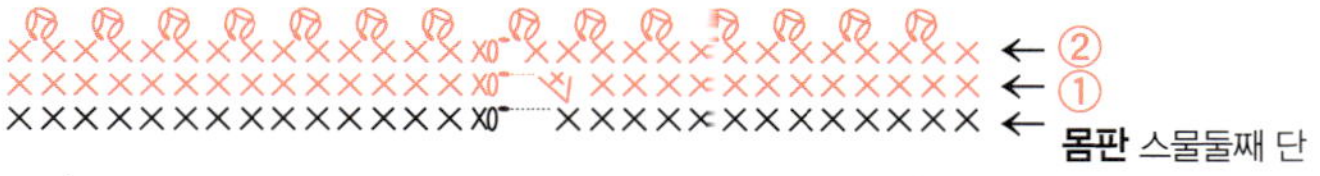

②
①
몸판 스물둘째 단

귀마개와 끈
2장

㉑

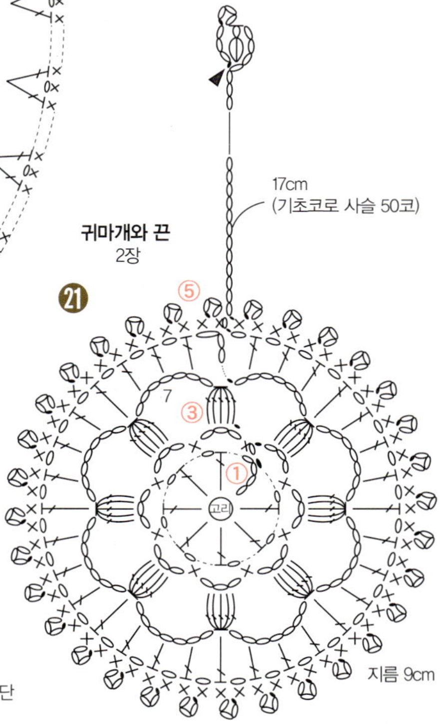

17cm
(기초코로 사슬 50코)
⑤
③
①
고리
지름 9cm

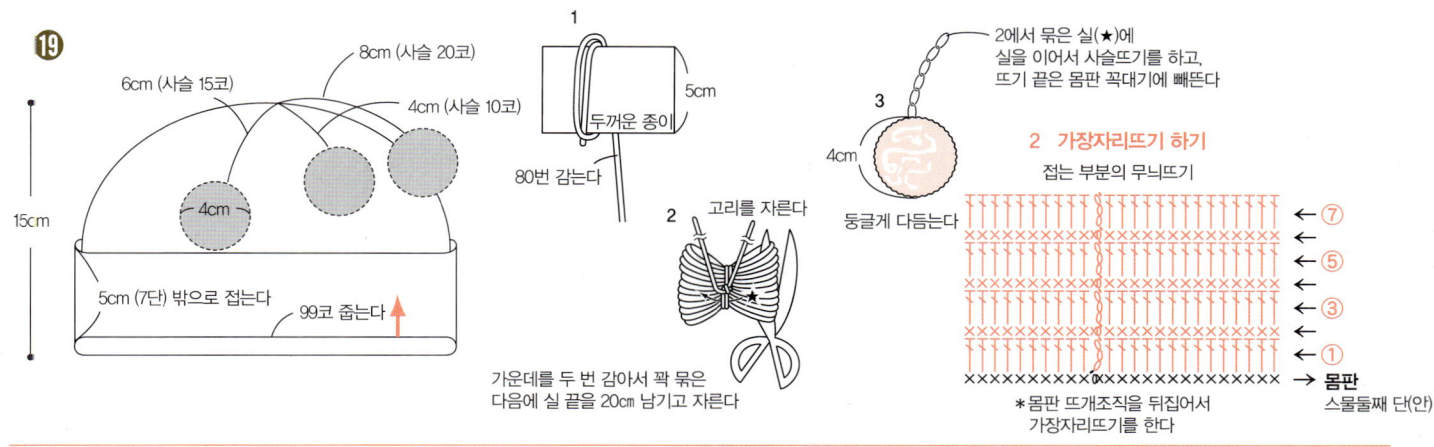

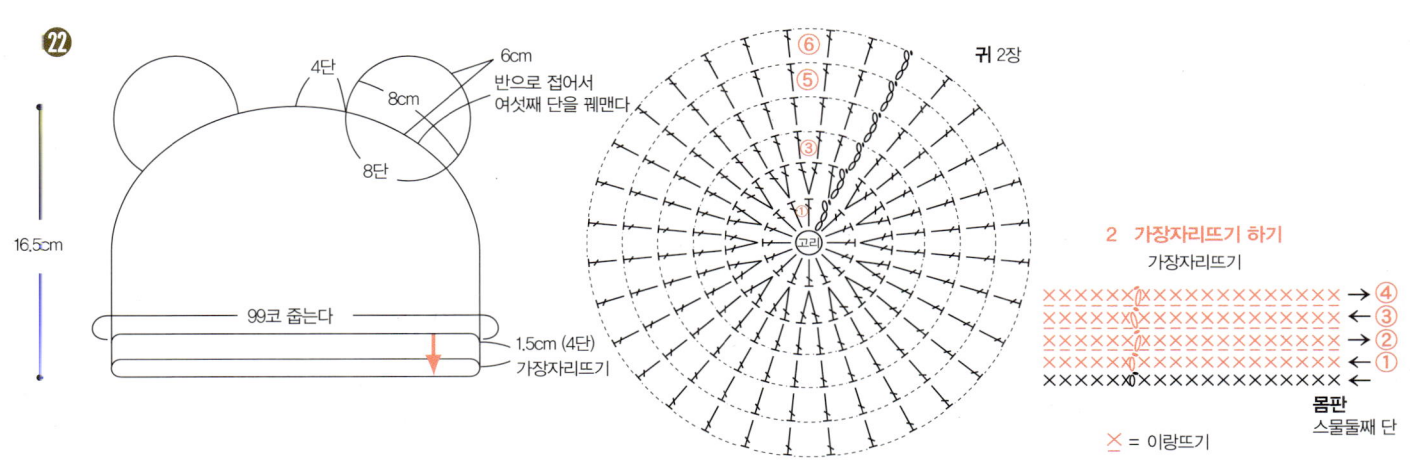

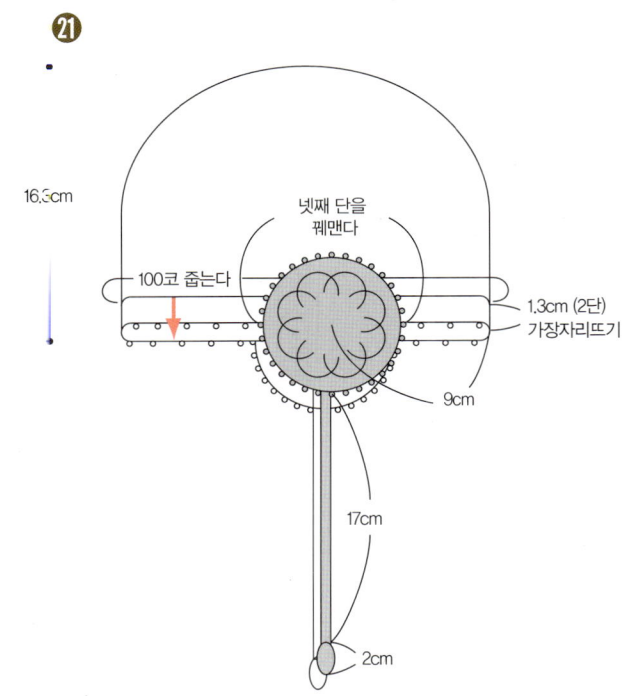

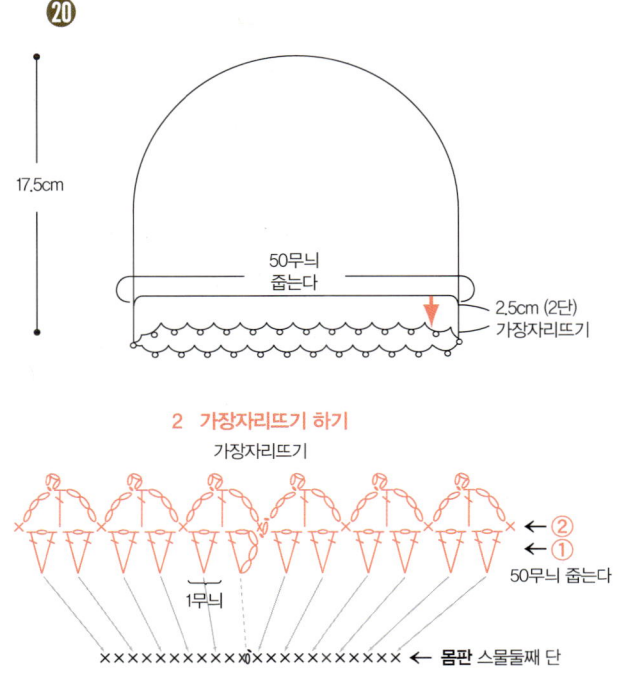

점퍼스커트

약간은 차분한 컬러의 실을 사용해 단정한 느낌이 드는 점퍼스커트예요.
어떤 옷에도 맞추기 쉬워서 대충 겹쳐 입어드 멋쟁이가 될 수 있지요.

23

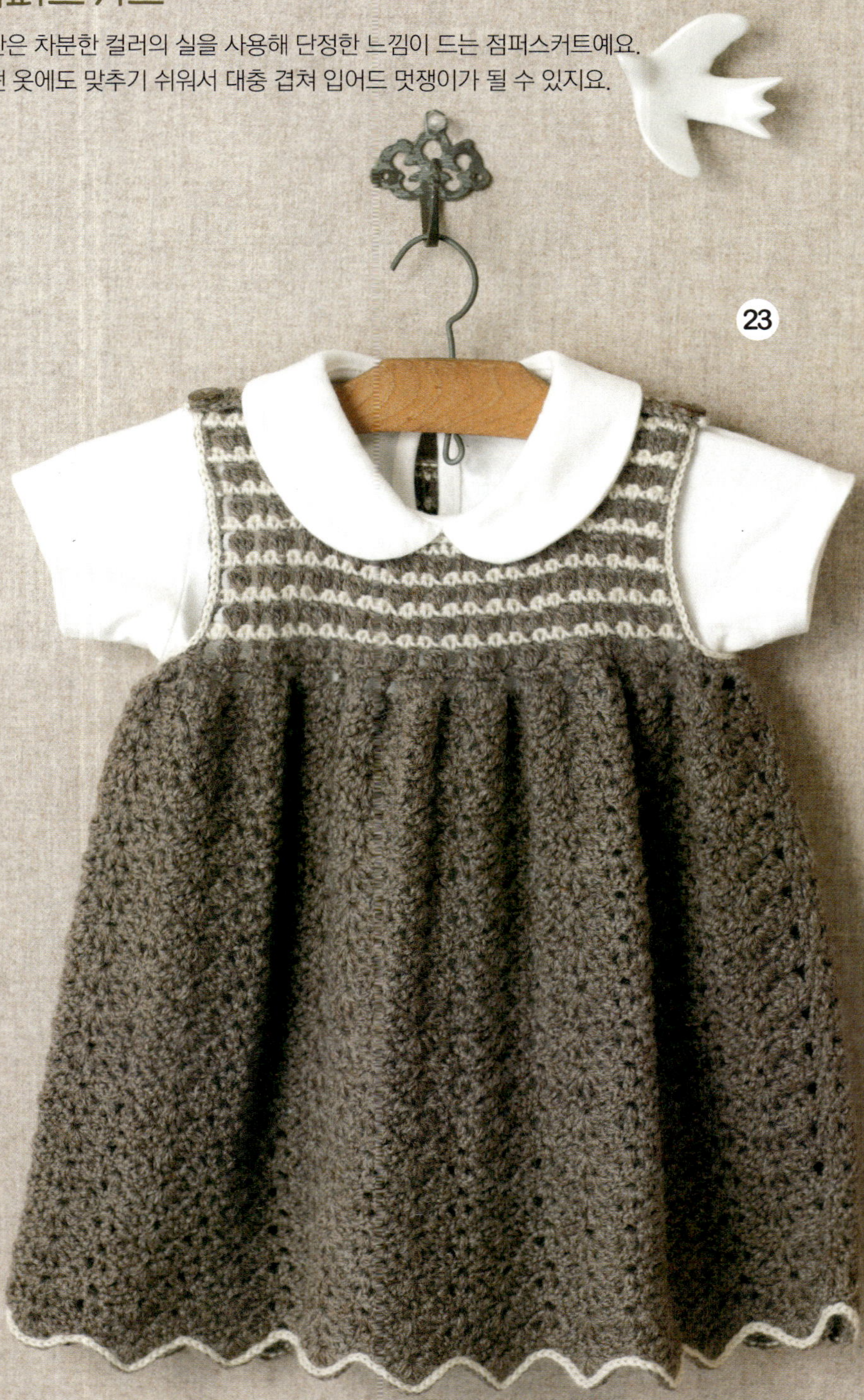

how to knit ... p.64-65

점퍼스커트
photo p.62-63

✖ 재료
㉓ … 소모노모〈합태사〉3(흑갈색) 179g, 1(아이보리) 11g, 지름 1.5㎝ 단추 4개
㉔ … 소모노모〈합태사〉4(아이보리 계열 믹스) 180g, 지름 1.5㎝ 단추 4개

✖ 코바늘 4/0호 바늘

✖ 게이지(가로 세로 각 10㎝)
무늬뜨기A 26.5코(2.2무늬) 11.5단, 무늬뜨기B 22.5코 13.5단

✖ 완성 치수
가슴둘레 50㎝, 어깨너비 21㎝, 기장 40.5㎝

✖ 뜨는 법
1 치마 뜨기
앞뒤 치마를 각각 기초코로 사슬 133코를 잡아서 무늬뜨기A로 33단 뜬다. 앞뒤 치마의 옆선을 사슬뜨기로 잇는다(p.19~20 참조).

2 바대 뜨기
첫째 단은 치마 기초코에서 앞뒤 몸판을 연결하여 114코를 주워 짧은뜨기를 1단 한다. 둘째 단부터는 앞뒤 몸판으로 나누어서 각각 무늬뜨기B로 뜬다. ㉓은 줄무늬로 뜬다.

3 가장자리뜨기 하기
진동둘레, 어깨, 목둘레를 연결하여 한 바퀴 돌아가며 가장자리뜨기를 한다. ㉓은 아이보리로 바대의 가장자리뜨기와 치마의 아랫단에 빼뜨기를 1단 더 한다.

4 단추 달아 마무리하기

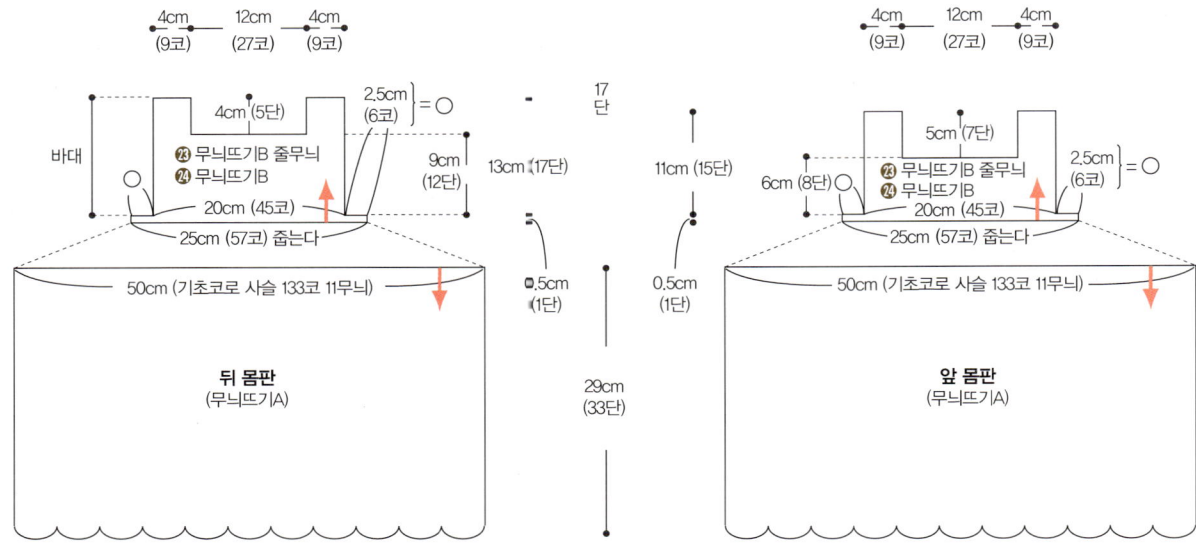

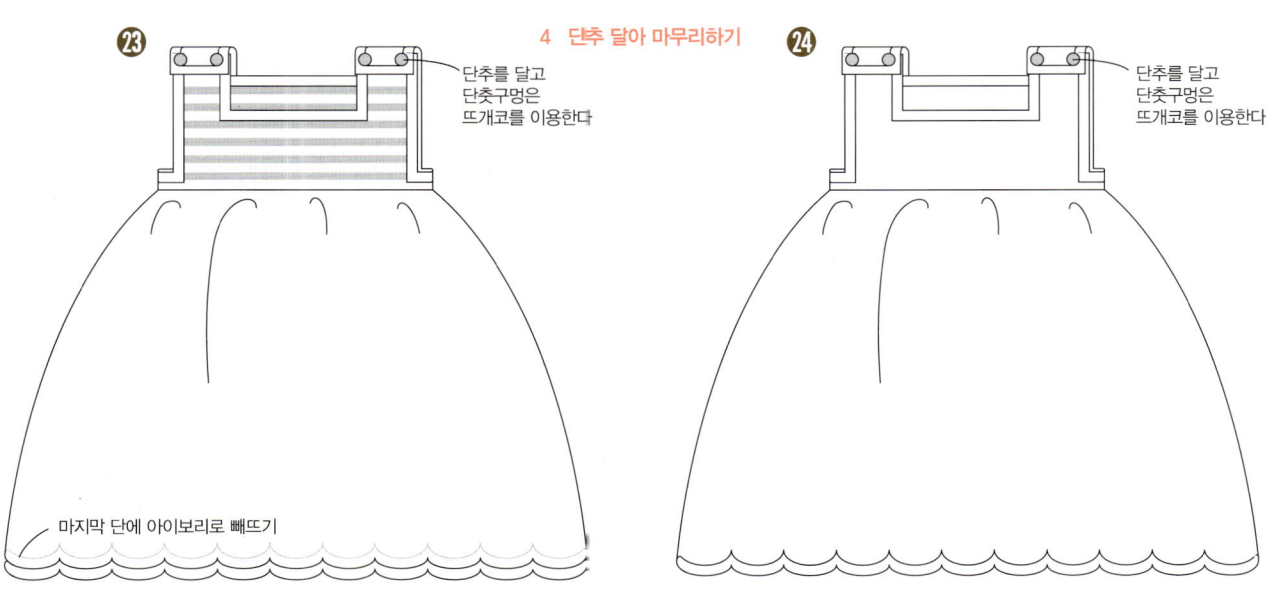

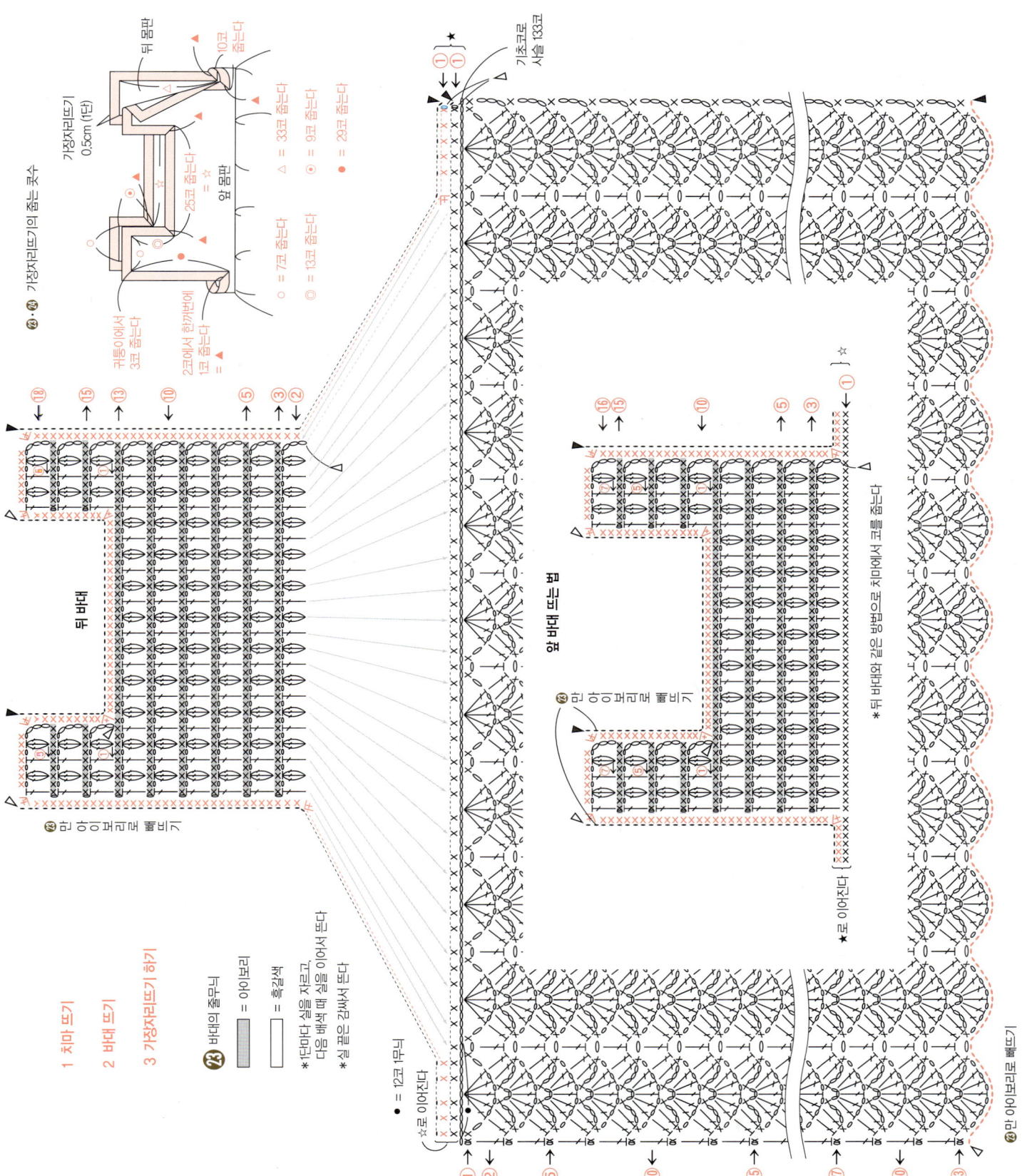

12~
24개월

조끼

남자아이도 세련된 멋을 즐기고 싶은 법이죠.
평상복으로도, 특별한 날의 차림으로도 입을 수 있는 디자인의 조끼입니다.

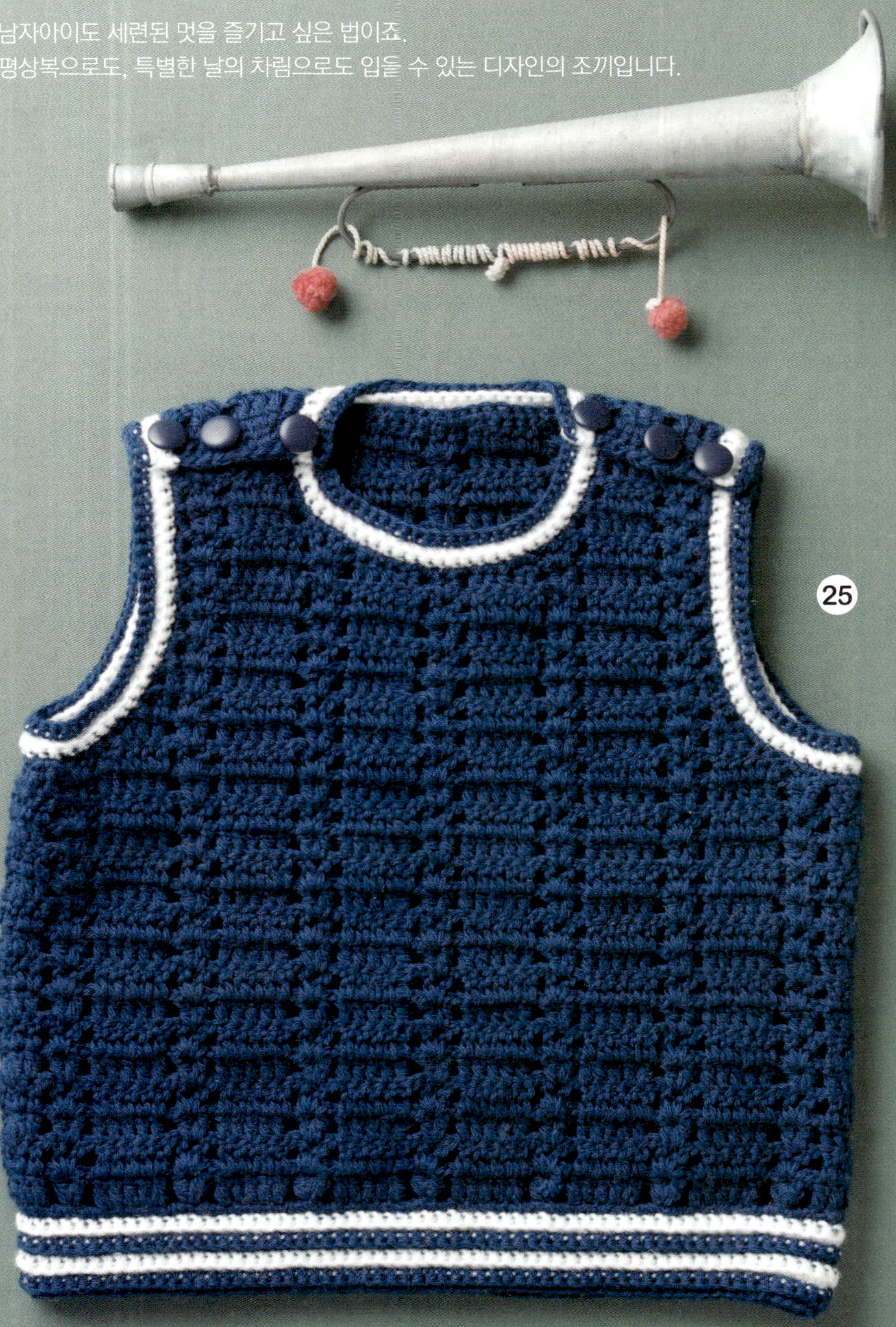

25

how to knit ... p.68-70

12〜24개월

점퍼스커트

조끼 디자인에서 치마 부분을 더해 만든 여자아이용 점퍼스커트예요.
부드러운 두 가지의 색으로 뜨고 꽃을 달아 마무리하면 very good!

26

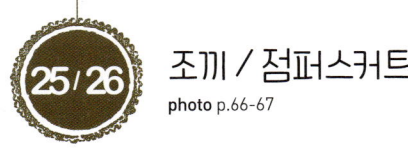

25/26 조끼 / 점퍼스커트

photo p.66-67

× 재료

㉕ … 페어 레이디 50 28(남색) 110g, 1(흰색) 15g, 지름 1.5cm 단추 6개

㉖ … 페어 레이디 50 51(연한 노란 분홍) 110g, 52(베이지) 56g, 76(벽돌색) 6g, 지름 1.5cm 단추 6개

× 코바늘 5/0호 바늘

× 게이지(가로 세로 각 10cm)

㉕ … 무늬뜨기A 22코 9단

㉖ … 줄무늬뜨기A 22코 9단, 무늬뜨기B 22코 (약 5.4무늬) 9.5단

× 완성 치수

㉕ … 가슴둘레 64cm, 어깨너비 23cm, 기장 35cm

㉖ … 가슴둘레 64cm, 어깨너비 23cm, 기장 40.5cm

× 뜨는 법

1 몸판 뜨기

앞뒤 몸판은 각각 기초코로 사슬 71코를 잡아서 무늬뜨기A로 뜬다. 어깨의 뜨기 끝에서 연결하여 어깨에 짧은뜨기를 1단 한다.

2 옆선 잇기

옆선을 사슬뜨기로 잇는다(p.19-20 참조).

3 가장자리뜨기 하기

㉕ … 아랫단에 가장자리뜨기A, 진동둘레와 목둘레에 가장자리뜨기B를 한다.

㉖ … 아랫단에 페플럼블라우스나 재킷 등의 허리선에 다는 플레어 부분을 뜨고, 진동둘레와 목둘레에 가장자리뜨기B를 한다.

4 아플리케 하기

㉖ … 꽃과 잎 모티브를 6장씩 뜨고, 꽃 한가운데에 프렌치 노트 스티치를 한다(p.17 참조). 꽃과 잎을 합쳐서 절개선 자리에 달아 준다.

5 단추 달아 마무리하기

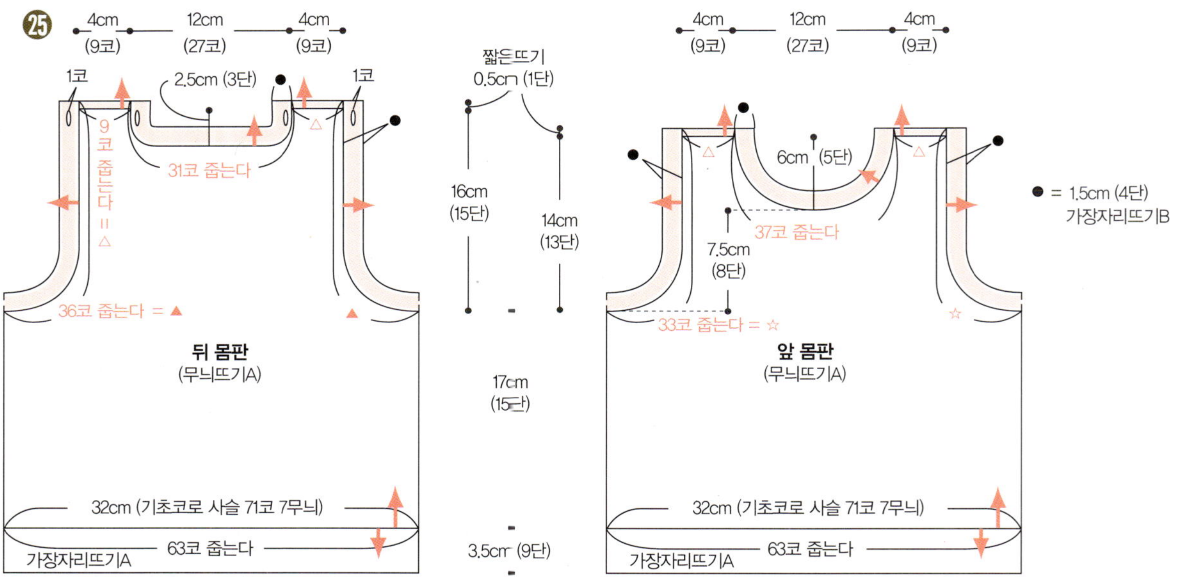

5 단추 달아 마무리하기

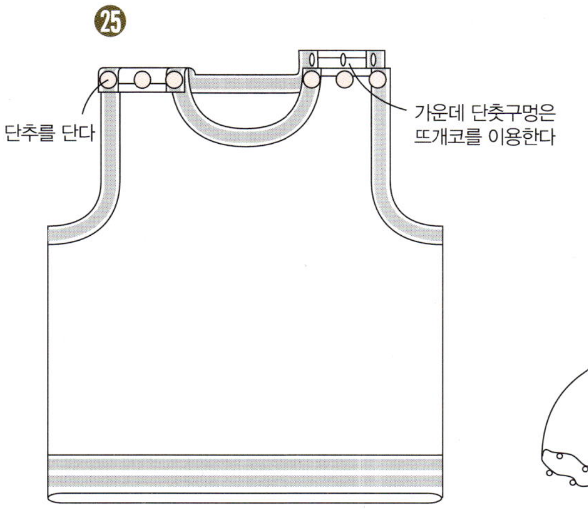

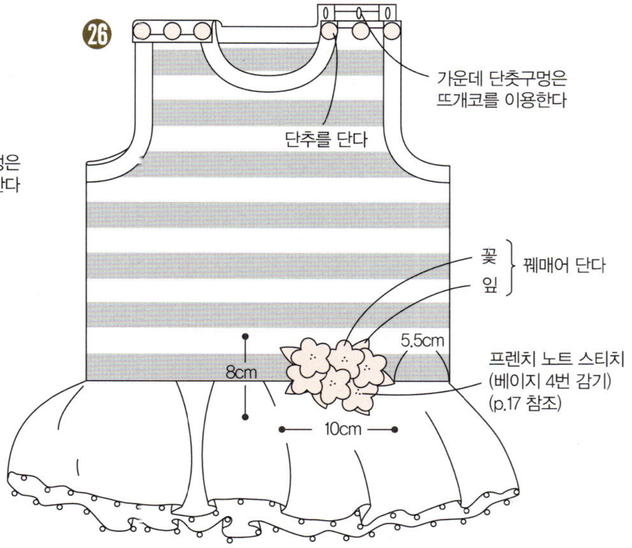

4 아플리케 하기

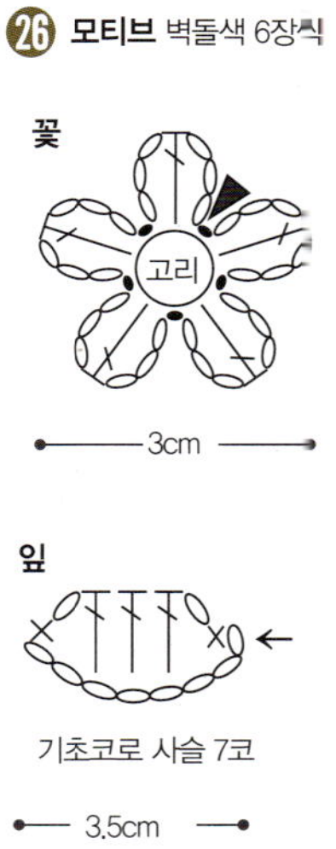

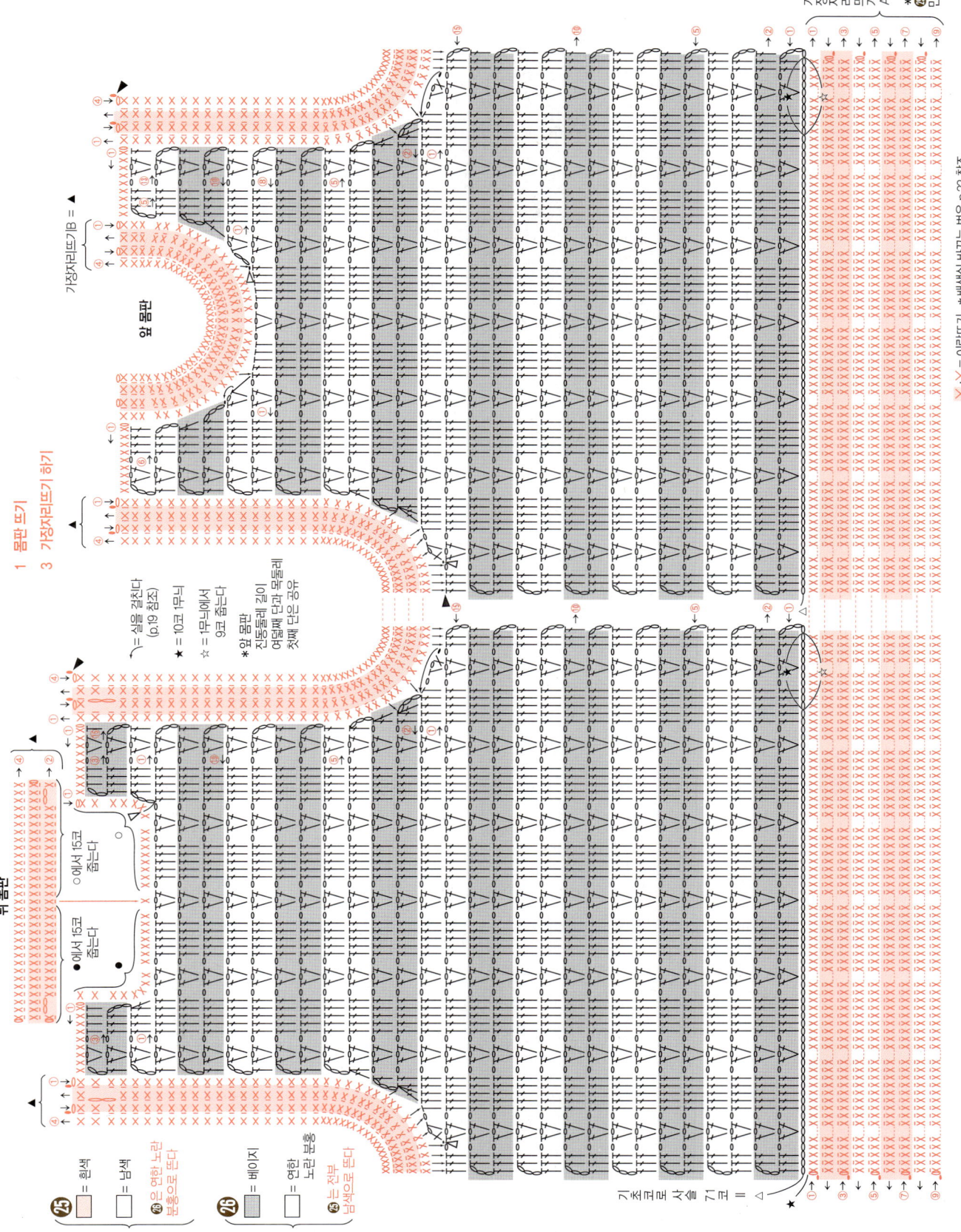

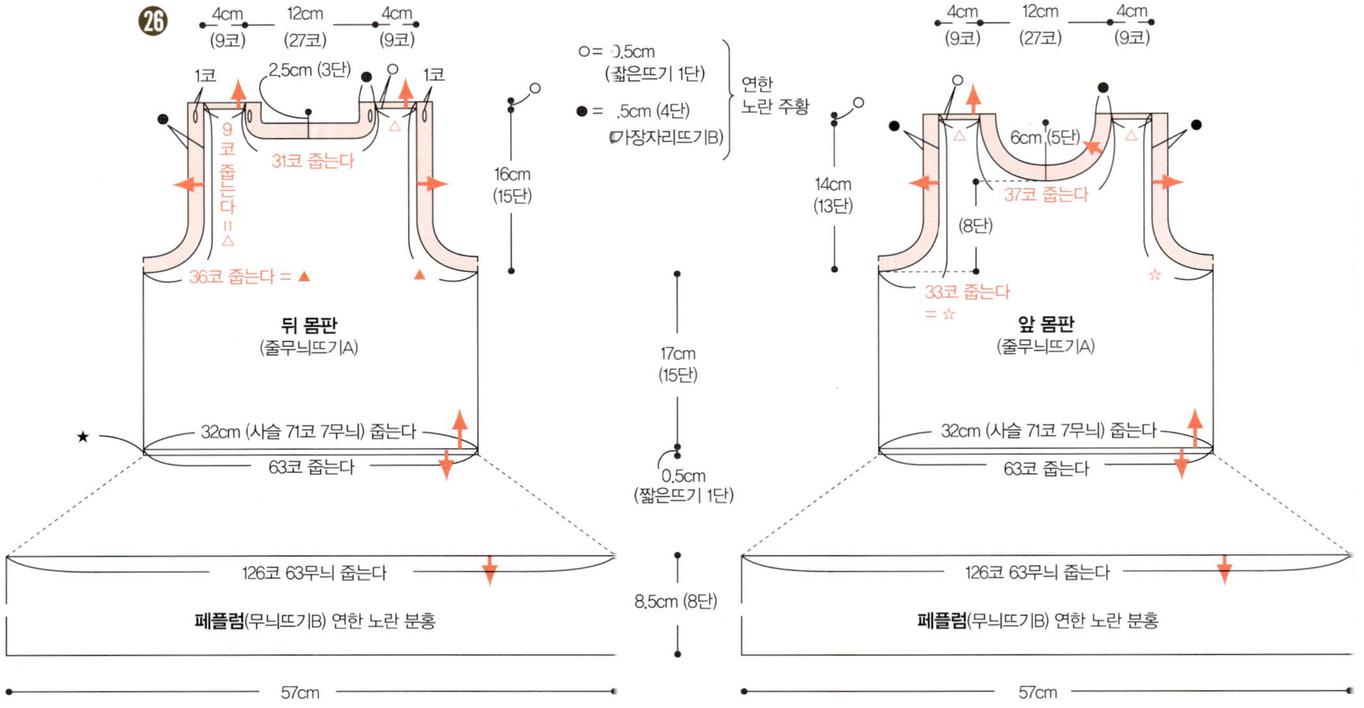

㉖

뒤 몸판 (줄무늬뜨기A)
- 4cm (9코) / 12cm (27코) / 4cm (9코)
- 1코, 2.5cm (3단), 1코
- 9코 줄는다 = △
- 31코 줄는다
- 36코 줄는다 = ▲
- 16cm (15단)
- 32cm (사슬 71코 7무늬) 줄는다
- 63코 줄는다
- 126코 63무늬 줄는다
- **페플럼** (무늬뜨기B) 연한 노란 분홍
- 57cm

○ = 0.5cm (짧은뜨기 1단)
● = 0.5cm (4단) 가장자리뜨기B
연한 노란 주황

17cm (15단)
0.5cm (짧은뜨기 1단)
8.5cm (8단)

앞 몸판 (줄무늬뜨기A)
- 4cm (9코) / 12cm (27코) / 4cm (9코)
- 6cm (5단)
- 37코 줄는다
- (8단)
- 14cm (13단)
- 33코 줄는다 = ☆
- 32cm (사슬 71코 7무늬) 줄는다
- 63코 줄는다
- 126코 63무늬 줄는다
- **페플럼** (무늬뜨기B) 연한 노란 분홍
- 57cm

페플럼 뜨는 법

1무늬

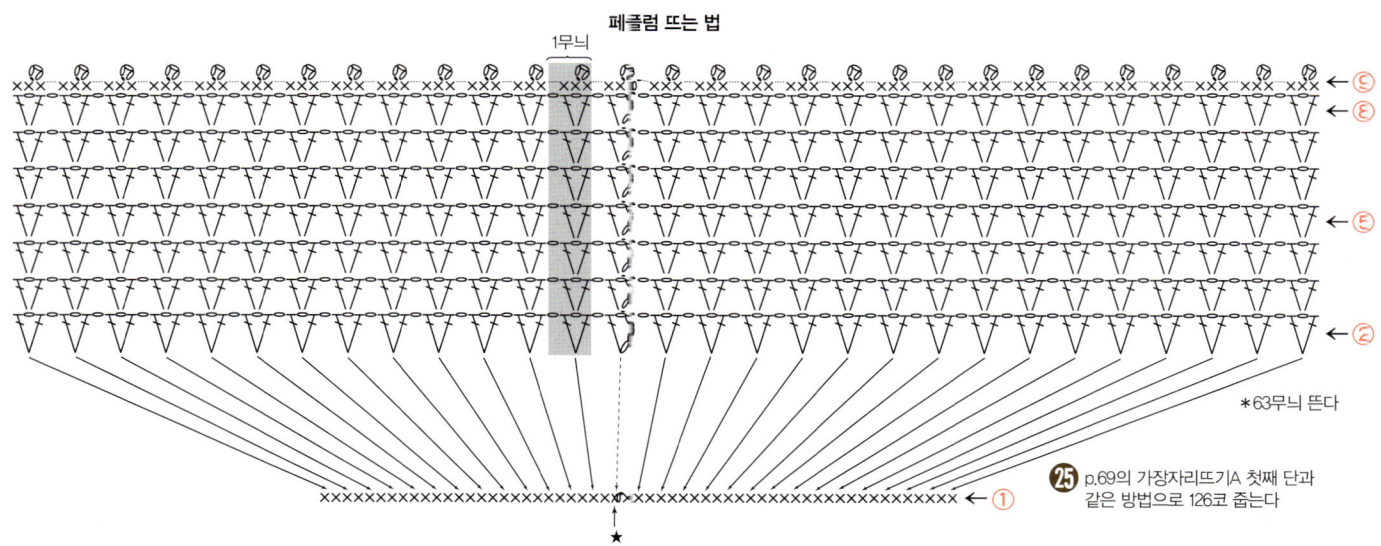

*63무늬 뜬다

㉕ p.69의 가장자리뜨기A 첫째 단과 같은 방법으로 126코 줄는다

재킷

12~24개월

외출할 때에는 춥지 않게 꼭꼭 여밀 수 있는 재킷을 입혀주세요.
후드에 귀를 달아 주면 누구보다 깜찍한 아기 곰돌이가 돼요.

27

how to knit ... p.74-76   point lesson ... p.22-23

재킷 27/28

photo p.72-73
point lesson p.22-23

✗ 재료
㉗ … 야사이바타케 L〈병태사〉 105(붉은 차조기색) 268g, 지름 1.8cm 단추 5개, 지름 1.5cm 단추 7개
㉘ … 야사이바타케 L〈병태사〉 107(우엉색) 360g, 지름 1.8cm 단추 5개, 지름 1.5cm 단추 7개

✗ 코바늘
6/0호 바늘

✗ 게이지(가로 세로 각 10cm)
무늬뜨기 18코 9단

✗ 완성 치수
가슴둘레 70cm, 등솔기~소매 끝 길이 36cm, 기장 34.5cm

✗ 뜨는 법

1 몸판 뜨기, 소매 뜨기
앞뒤 몸판과 소매는 기초코로 사슬뜨기를 해서 무늬뜨기로 뜬다.

2 칼라 뜨기, 후드 뜨기
㉗ … 칼라를 뜬다.
㉘ … 후드와 구를 뜨고, 후드 꼭대기(뜨기 시작하는 쪽)는 감침질로 잇는다(p.22-23 참조).

3 어깨 잇기, 소매 달기(p.22-23 참조)
어깨를 감침질로 잇고, 몸판 진동둘레와 소매산은 ● 표시끼리 맞춰서 감침질로 잇기로 소매를 단다. 소매 솔기에서 옆선으로 연결하여 사슬뜨기로 잇는다.

4 가장자리뜨기 하기
몸판은 목둘레와 아랫단에 가장자리뜨기를 한 다음, 앞 중심선에 가장자리뜨기를 한다.
㉗ … 칼라는 기초코 쪽, 칼라 끝 순으로 가장자리뜨기를 하고 마지막으로 단춧구멍 쪽(뜨기 끝 쪽)에 짧은뜨기를 2단 한다.
㉘ … 후드는 얼굴 주위에 가장자리뜨기를 하고 단춧구멍 쪽에 짧은뜨기를 2단 한다.

5 마무리하기
앞 중심선과 목둘레 안쪽에 각각 단추를 달고, ㉘은 귀를 만들어서 후드에 달아 준다.

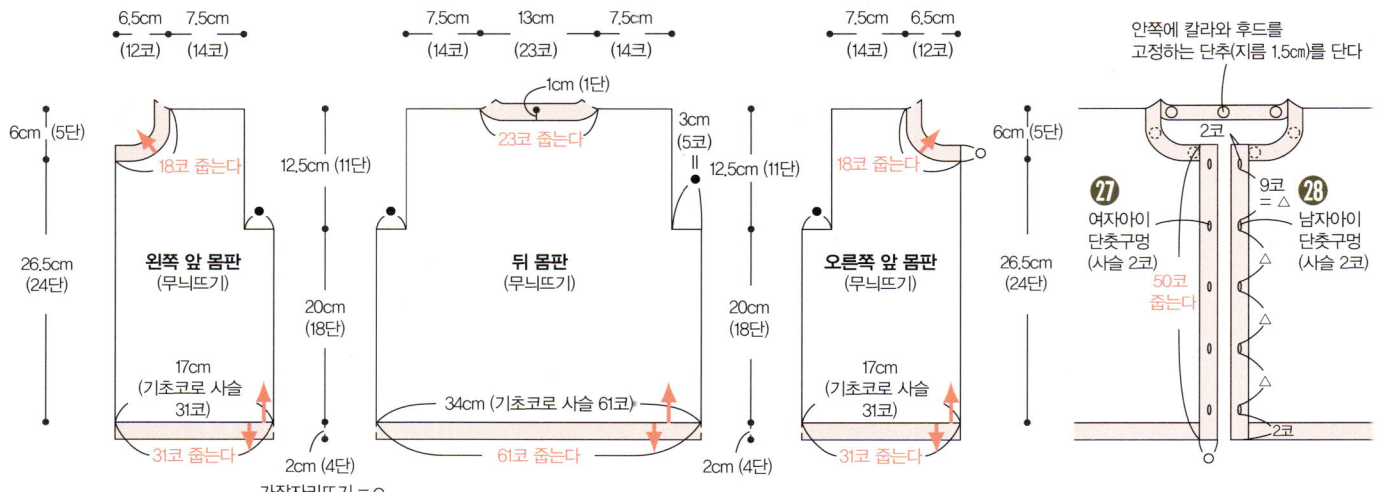

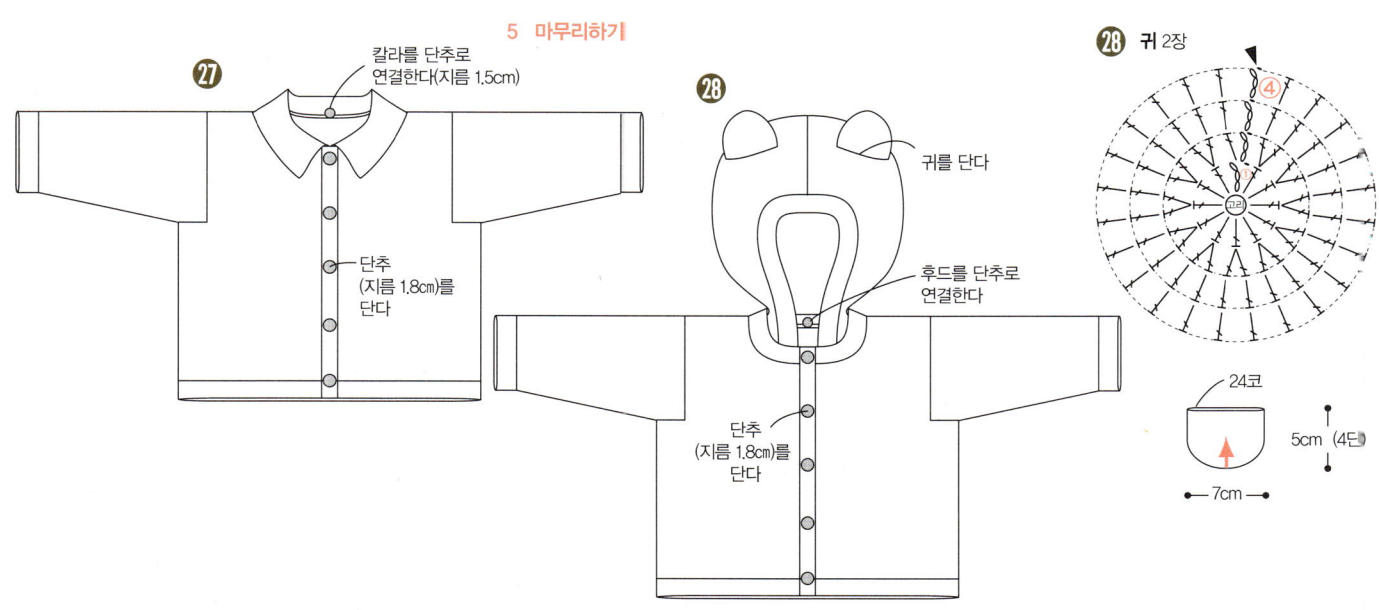

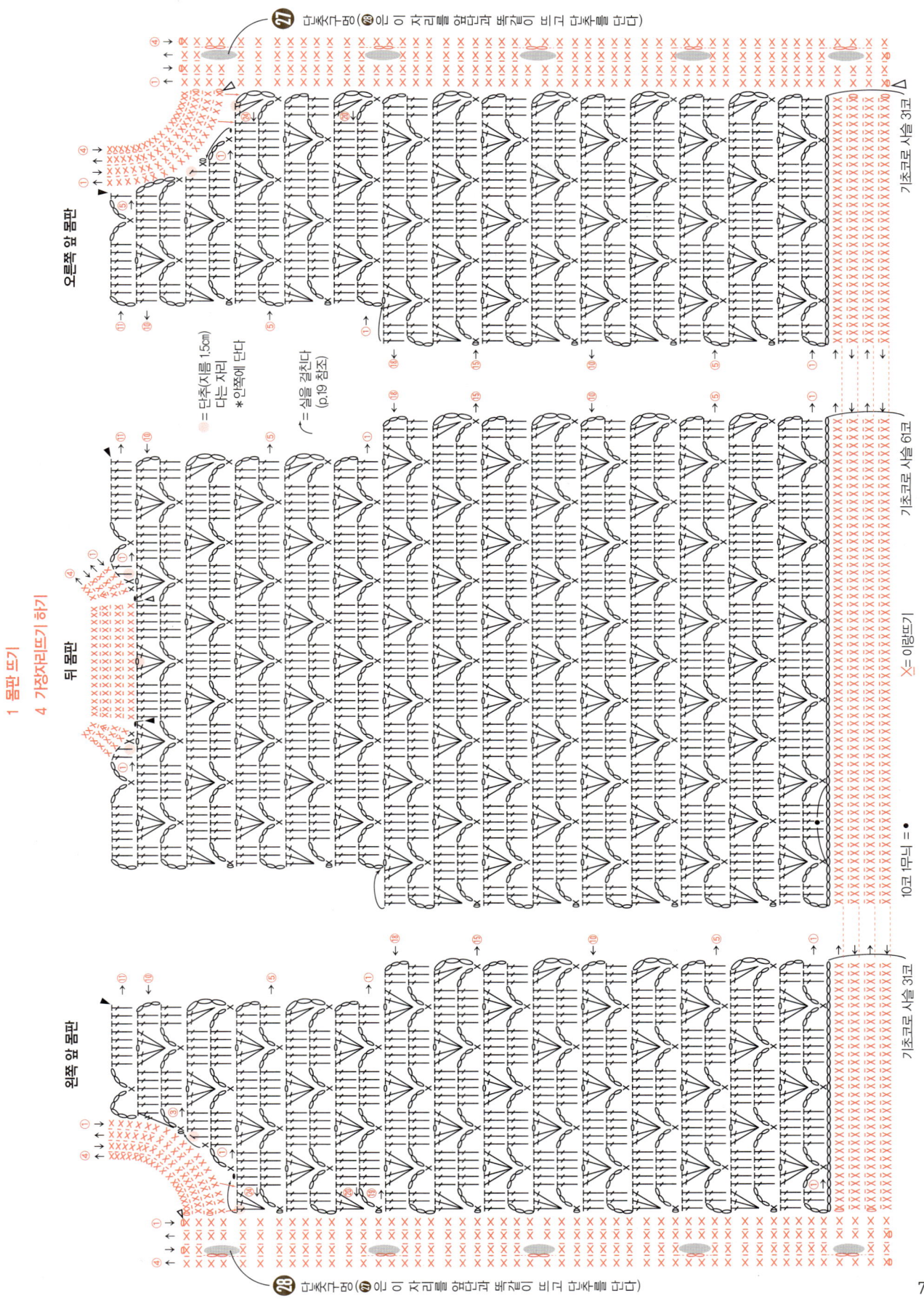

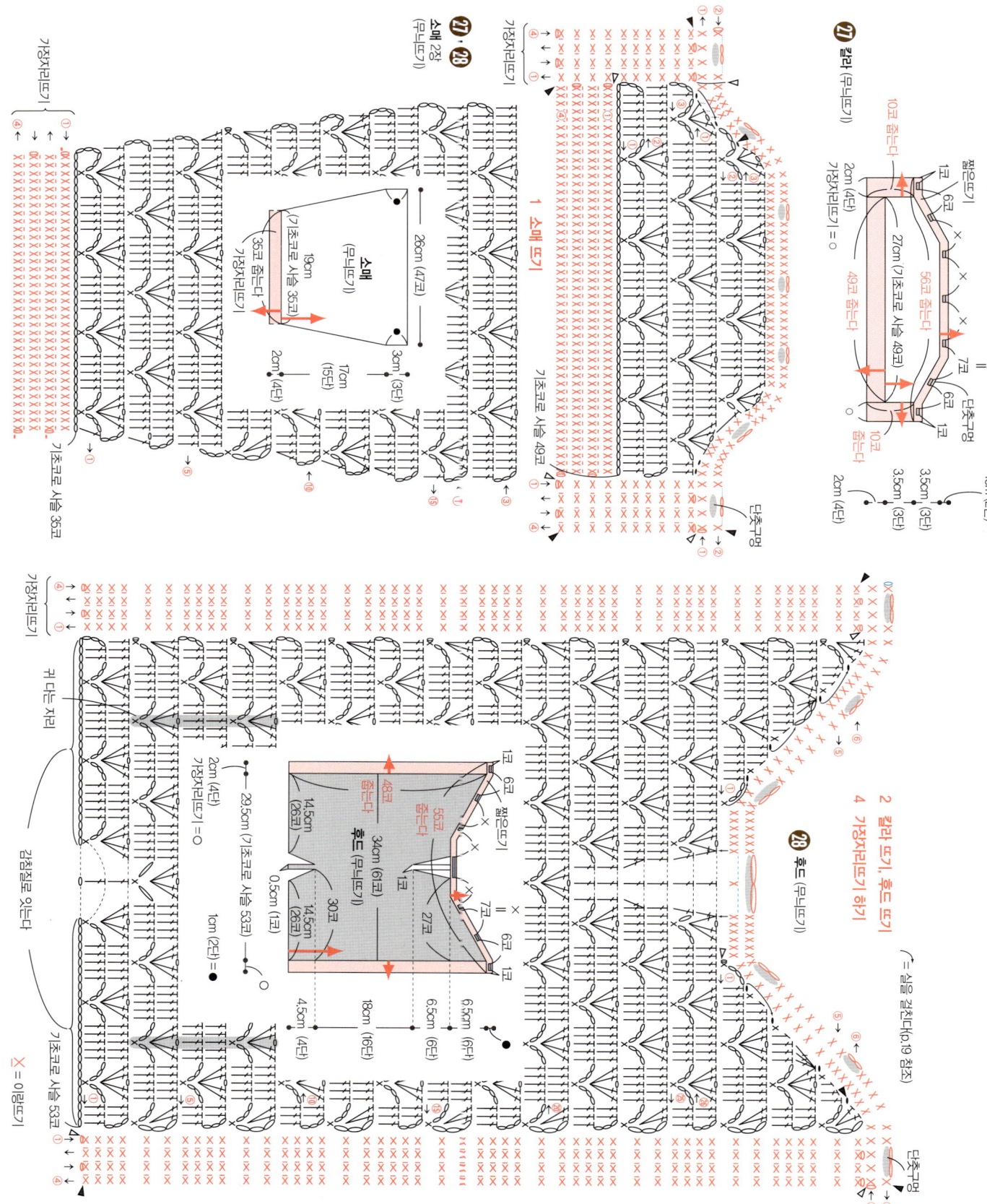

✗ 이 책에서 사용한 실 (실물 크기) ✗

*1~10은 모두 재질 → 구성 → 실 길이 → 색상 수 → 알맞은 바늘 순입니다.
*인쇄물이므로 실 색깔은 조금 다르게 보일 수도 있습니다.

1. 큐피드
모 100%(반테안 가공), 40g 1볼, 약 160m, 10색, 코바늘 3/0호

2. 가와이아카찬
아크릴 60% 모(메리노 울) 40%, 40g 1볼, 약 105m, 14색, 코바늘 5/0호

3. 소모노모〈합태사〉
모 100%, 40g 1볼, 약 120m, 5색, 코바늘 4/0호

4. 익시드 울 FL〈합태사〉
모 100%(엑스트라 파인 메리노 사용), 40g 1볼, 약 120m, 34색, 코바늘 4/0호

5. 익시드 울 FL〈그러데이션〉
모 100%(엑스트라 파인 메리노 사용), 40g 1볼, 약 120m, 6색, 코바늘 4/0호

6. 페어 레이디 50
모 70%(방축가공 모 사용) 아크릴 30%, 40g 1볼, 약 100m, 44색, 코바늘 5/0호

7. 야사이바타케 M〈중세사〉
모(메리노 울) 100%, 40g 1볼, 약 146m, 10색, 코바늘 3/0~4/0호

8. 야사이바타케 L〈병태사〉
모(메리노 울) 100%, 40g 1볼, 약 80m, 10색, 코바늘 6/0호

9. 야사이바타케 트위드
모(메리노 울) 100%, 40g 1볼, 약 100m, 7색, 코바늘 6/0호

10. 퍼리시
나일론 100%, 40g 1볼, 약 60m, 8색, 점보 코바늘 7mm

✗ 대체 가능한 실 ✗

*505
모 50% 아크릴 50%, 90g 1볼, 코바늘 4/0~5/0호

*메리노 퓨어 울
모 100%, 45g 1볼, 코바늘 3/0~4/0호

*헤라 울
모 85% 아크릴 15%, 45g 1볼, 코바늘 4/0~6/0호

*에이미 울
모 100%(메리노 파인 울), 40g 1볼, 코바늘 6/0~7/0호

*하이소프트
코튼 60% 폴리 40%, 50g 1볼, 코바늘 3/0~5/0호

*에코 베이비(오가닉 코튼)
오가닉코튼 100%, 50g 1볼, 코바늘 3/0~4/0호

*베이비 코튼
코마 면 100%, 50g 1볼, 코바늘 3/0~4/0호

*몽띠브 베베(그러데이션)
아크릴 90% 폴리 10%, 100g 1볼, 코바늘 5/0~7/0호

*아톨 베이비
아크릴 82% 모 18%, 25g 1볼, 코바늘 2/0~3/0호

**사랑스러운
아기 옷 손뜨개**

초판 1쇄 2014년 10월 23일
초판 6쇄 2025년 09월 30일

지은이 | 가와이 마유미
옮긴이 | 남궁가윤
감수 | 박윤정(댕이)
펴낸이 | 서인석
펴낸곳 | ㈜제우미디어
출판등록 | 제 3-429호
등록일자 | 1992년 8월 17일
주소 | 서울시 마포구 독막로 76-1 한주빌딩 5층
전화 | 02-3142-6845
팩스 | 02-3142-0075
홈페이지 | www.jeumedia.com
인스타그램 | www.instagram.com/jeumedia

ISBN 978-89-5952-325-2

값은 뒤표지에 있습니다.
파본은 구입하신 서점에서 교환해 드립니다.

| 만든 사람들 |
출판사업부총괄 | 손대현
기획편집 | 홍지영
기획팀 | 전태준, 김혜리, 신한길, 윤여은, 여인우
영업 | 김응현, 김영욱, 박임혜
제작 | 김금남
디자인 | 올디자인그룹

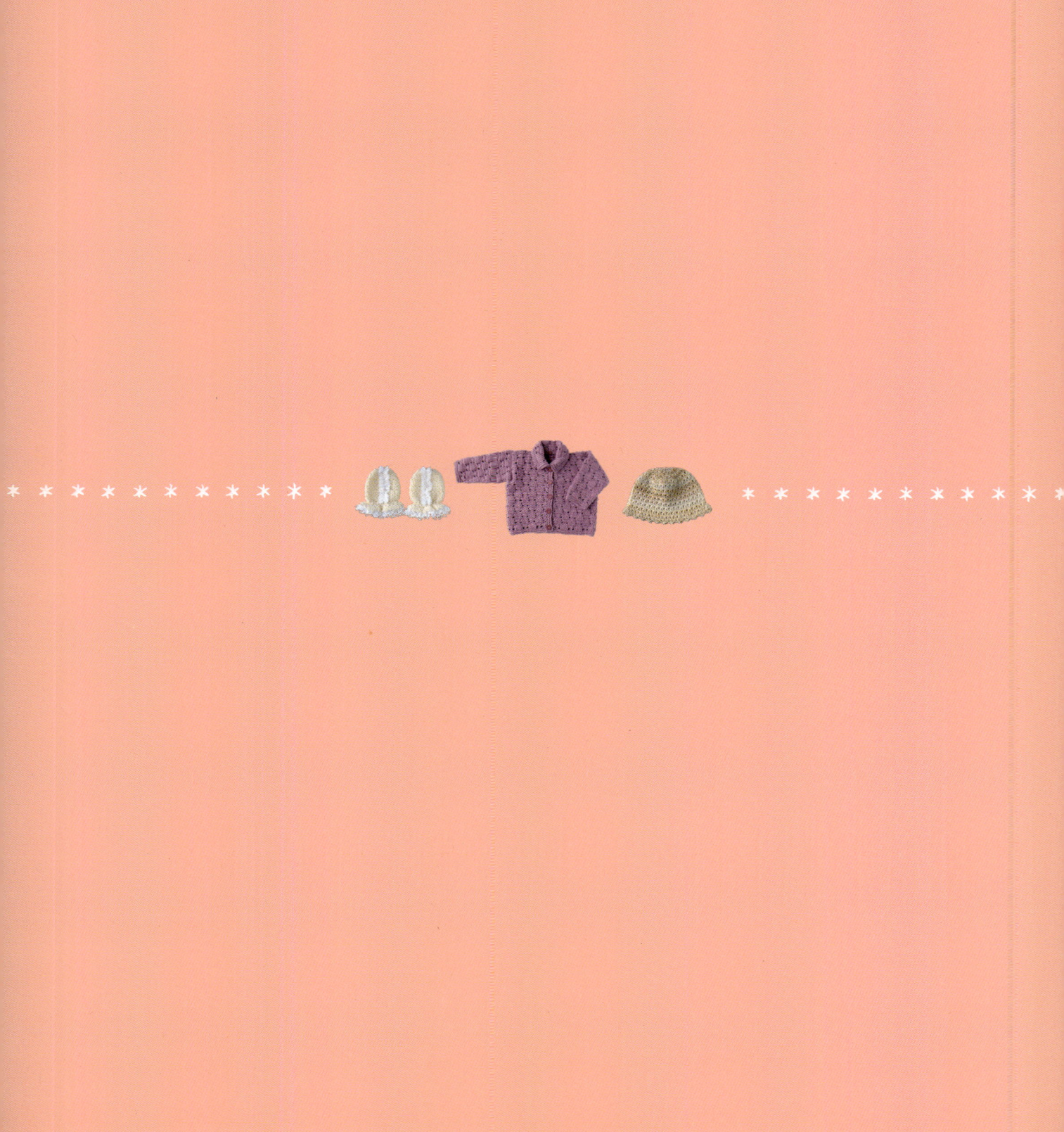

lovely baby knit ✼✼✼✼✼✼✼✼✼✼✼✼✼✼✼✼✼✼✼✼✼✼✼✼✼✼✼✼